HUMAN 8 TRANSFORMATION

HX

日本企業をリデザインする、人起点の変革リーダーシップ

Ridgelinez株式会社 編

田中道昭 立教大学ビジネススクール教授 監修

日本経済新聞出版

はじめに

「デジタル」「DX（デジタルトランスフォーメーション）」といったキーワードが使われるようになって、かれこれ10年余りが過ぎた。スマートフォンの普及以来、コンシューマー系のサービスでも企業内システムの活用シーンでも、いわゆるユーザーインターフェースの進化によって、システムの使い勝手は格段と向上している。だが、日本企業の業績が改善されてきたという実感はいまだに少ない。

最近になってようやく、日本国内で日本企業に勤める人々の給与水準の低さにスポットライトが当てられるようになり、2022年に発生した「悪い円安」によって日本企業でも事業構造の抜本的な見直しが議論されることが多くなっている。もちろん、日本企業の経営者らの改革や変革への興味が薄かったわけではないし、それなりにデジタル化などにも取り組んできたはずなのだが、なぜか「あまり代わり映えしない」と周りには見えてしまう。せっかく正しいと思われる施策を打っていても、顧客や重要なステークホルダーから認めてもらえなければ、実際には何もしていないも同然である。なぜ、日本企業は規模の大小を問わず、このような損な役回りを演じてしまっているのだろうか？

私には、少なくとも2つの改善領域が存在しているように見える。1つは、改革や変革そのものの「マグニチュード（度合い）とスピード感」だ。スモールスタート（Small Start）とかクイックウィン（Quick Win）という言葉が、改革のアプローチを語るときにしばしば使われる。「取り組みやすいところ」から手をつけて「とりあえず小さくてもよいから結果を出す」ということで、何となく変革に手を染めているとアピールしているにとどまっているのではないだろうか？　変革についての「必然性」や変化量についての「戦略性」がハッキリと定義されないまま、（多くの場合は経営者の一存で）「変革プログラム」が動き出してしまう。周囲はそれに格好付けをし、本業の業績に大きなリスクを与えない程度の漸進的なアプローチを行うため、戦略性が希薄な理由もあるが、外部からは見えにくい。

もう1つは、改革や変革についての「社内外への伝え方」である。私も含めた「昭和世代の経営者」は、将来の姿についてあまり大きな風呂敷を広げたがらない傾向があるのではないだろうか？　あまりに「飛んだ話」をして業界の異端児、ドンキホーテだと思われたくない秀才型の経営陣や、経営陣が余計な舌禍に巻き込まれてしまわないようにとコーポレートスタッフが丸い表現にしてしまったメッセージでは、顧客にも従業員にも、経営トップらが心に秘めている改革の志や変革への覚悟が伝わりにくいのかもしれない。

個人の人生も同様ではあろうが、大企業の経営は複雑な意思決定の集合体で運営されており、どこかで良かれと思って手を下したことが、知らぬ間に同僚を苦しめることも生じてしまう。漸進的な変革という美辞麗句に隠れて本格的な変革の検討を避けてしまう傾向が、いつの間にか日本企業の経営陣にも染みついてしまったのではないだろうか？

なぜ変えなければならないのかを客観的なデータに基づいて分析・理解することで、変革の必然性はある程度、説明できる。次の段階では複雑系の塊ともいえる相互依存性がある中で、整合性のある施策を組み合わせていく。そして最も重要なのは、そのデータに基づく施策に対して、変革を駆動させる「人」の再現性と継続性のある行動を同時にデザインすることである。

その施策を打つ理由について、経営者は正直に、フラットに、自分の言葉で伝えながら周囲の協力を得て、最後には大きなうねりとして変革の実現に繋げていくことが肝要となる。

「言うは易く行うは難し」と読者の皆さんはおっしゃることだろうが、決してできないことではない。このような変革を支援するための道具（テクノロジー）もかなり良いものが提供されてきている。自分たちの仕事に真面目に向き合ってきた日本企業の皆さんだからこそ、あと一歩の努力ともう一息の勇気で皆さんの企業で変革のうねりを起こし、輝きを感じられる将来を垣間見ることができるようになると信じている。

本書は、日本企業の改革や変革に直に携わってきた我々が、自らの経験を基に、変革の実現に向けた「要諦」について議論したものであり、実践書である。アカデミックな観点からの検証などは今後の進展が待たれるが、変革を成功裏に進めていくための何らかのヒントが含まれていると思う。そのヒントが読者の皆様に、そして所属する企業に前向きで実り多き変革をもたらすことを祈っている。

リッジラインズ代表取締役ＣＥＯ　今井 俊哉

目次

第 4 章

CX起点の全社トランスフォーメーション
――オルビスのケーススタディ 110

第5章

第6章

第1章

富士通、真のＤＸに挑む

世界に取り残される日本企業〜彼我の差を実感した富士通〜

２０２０年1月、富士通株式会社の時田隆仁社長（以下、時田と略す）はスイス東部のダボスで開かれる世界経済フォーラム年次総会、通称「ダボス会議」に参加していた。20年は、「Stakeholders for a Cohesive and Sustainable World（ステークホルダーがつくる持続可能で結束した世界）」をメインテーマに据え、世界各国の首脳や閣僚、学界や産業界から名だたるメンバーの計約２８００人が、人口約1万１０００人の小さな街に集結し議論が重ねられた年であった。

時田はＳＡＰ、アクセンチュア、ＨＰ、エリクソンなど名だたるグローバル情報通信企業の経営トップが、今後のＩＴ産業の方向性について議論する「ICT Governors Meeting」に参加。ＩｏＴ、エッジ、クラウドコンピューティング、ＡＩ（人工知能）、そして、それらを組み合わせたユビキタス知能の将来の発展などについて、その市場形成やステークホルダー間の連携の機会とリスクについて意見が交わされた。その議論の中で、時田は衝撃を覚える。

各社のＣＥＯ（最高経営責任者）が熱を持って語っているのは、これらのテーマに関する技術論やそれらの活用方法だけではなく、その先にある社会や人の暮らし、そしてそこに横たわっているであろう社会課題の解決であった。「5Gを普及させる以前に、世界には3Gや4Gすら使えていない人がいる。そうしたデジタルデバイド（格差）の要因ともいえる貧困をどう撲滅するのか」――。話題は、そんな領域まで広がりを見せた。

「彼らは事業を語るときに、必ず社会課題やサステナビリティについて考えています。ビジネスを通じたグローバルな社会課題の解決を、自社の存在意義（パーパス）として言及しており、正直なところ大きな衝撃でありながらも、とても共感を覚えました」と時田は述懐する。

例えば、SAPはその企業の存在意義を「サステナビリティを中心として、より良い世界の実現と人々の生活の向上を支援すること」としており、そのイネーブラー（目的達成のための人・組織・手段）として自社の商品を位置付け、その事業運営を目的実現のための模範となることと定めている。つまり、グローバルIT企業でありながら、社会課題の解決を戦略の中に織り込んでいる企業へと変革が進んでいたのである。

一方で富士通はどうであったのか。富士通は「FUJITSU」ブランドを掲げて世界各地でビジネスを展開し、グローバルで約12万人の従業員を抱え、22年3月期には連結での売上高が3兆5868億円という日本を代表する大企業だ。国内では製造業や官公庁の基幹情報システムなどに強い一方で、スーパーコンピューターの「京」「富岳」などを共同開発。「富岳」は国際的な性能ランキングである「Graph500」のBFS部門において、世界第1位を6期連続で獲得するなど、技術力に対する世界的な評価も獲得している。

このように高い技術力を売りにしてきた富士通だが、19年9月、社長就任後3カ月の時田は経営方針説明会を開き、「IT企業からデジタルトランスフォーメーション（DX）企業への転身を目指す」と表明していた。これまでIT部門の顧客を中心に、システムの構築・運用・保守を事業の柱とし、強みとしてきた富士通が、デジタルテクノロジーをベースにして、社会やお客さまに価値を提供する企業に大きく転換すると宣言。従来のビジネスは既存の顧客基盤で収益性の改善を図る一方、IT環境の刷新やデータ利活用のビジネス（デジタル領域）を成長領域として将来にわたる収益基盤と位置付け、グループ再編も伴う経営改革に取り組むと述べた。

時田は就任と同時に、全社を変革するためのグランドデザインを描いて具体的な施策に着手し始めていた。改革を急いだ理由は、過去20年間の売上収益としては低迷しており、社内を閉塞感が覆っていたことにある。この空気を一掃して社員のやる気を引き出さないと「ＦＵＪＩＴＳＵブランドは通用しなくなる」との危機感があったからだ。「顧客の悩みを把握して、新しい解決法を提案し、何か新しい変革をもたらすようなビジネスは、これまで思うような結果を出せていませんでした。これを変えることができなければ、富士通は何のために存在するのかわからなくなってしまうと考えていました」と時田は話しており、ダボスでの体験はその危機感を更に強めることとなった。

なぜ日本企業は変われないのか？

世界がデジタルによる変革（＝ＤＸ）に向けて突き進む中、日本は出遅れた。変革（＝Ｘ）そのものへの懐疑的な意見や反発が根強く、「今、ウチの会社にこのような変革が本当に必要なのか？」という意見が数多く発せられるというのが、２０１０年代の日本のビジネスの現場のリアリティだったといえよう。裏を返せば、（根拠のない）危機感の欠如がそこにあったともいえる。

そんな状況を一変させたのが、20年から始まった新型コロナウイルス感染症によるパンデミックだ。ライフスタイルやビジネス環境、人々の価値観そのものの前提が崩れ去る中、企業はまず「危機への対応」という形での変革を迫られた。また、その対応については、国家間での変革スピードの差を目の当たりにすることになった。

米国と日本を比較してみよう。20年春に新型コロナウイルス感染症の流行が爆発的なものとなった両国の対応は、一方はロックダウン、一方は緊急事態宣言という名のもと、特に対面商売を基本とする外食・小売・旅行などエンターテインメント産業の収益に打撃を与えたが、スピード感とダイナミズムという意味で対照的だった。

例えば米国では、ウォルト・ディズニー・カンパニーが従業員2万8000人の解雇を発表したのは同年9月。背景にはオンデマンド事業ディズニープラスへのシフトを加速させるという意思決定があった。また、小売大手のウォルマートも、わずか半年弱の準備期間で有料会員向けの当日配送サービスを開始している。世界屈指の大企業が、従来の軸であった事業そのもののシフトを、非常に短期間で決断し、実現したのだ。

日本はどうだっただろうか。百貨店業界を例に挙げてみると、20年2月に政府が百貨店に対して感染拡大防止策を要請、各百貨店が臨時休業を相次いで発表し、その後5月末まで休業は継続することとなった。各百貨店とも大幅な営業減収となり、第2波、第3波が押し寄せる中で消費者の巣ごもり需要が増加する一方でも、各百貨店はオンラインサービスの対応に後れをとった。遊園地・テーマパークでも、海外と比較して客先を復調するのに多くの時間を要した。さらには雇用調整も日本の労働契約上の制約から遅々として進まず、航空会社などを中心に打撃を受けた業界は、その他の業界の企業への出向などで対応した。これらは一部の例に過ぎないが、総じて日本企業の変化への対応の遅さが際立っており、事業そのものの根幹に関わるような大胆な変革、例えば顧客との関係性や従業員との関係性がこれまでとは一変するような取り組みとなるとその傾向は更に強まっていく。

「ディスラプター（破壊者）」はDXの必要性の説明でよく使われる単語だが、世界経済フォーラムの創設者であるクラウス・シュワブ氏の「It's the Fast fish eats the Slow fish（速い魚が遅い魚を食う）」という言葉で説明される。顧客のニーズと供給者側のニーズを聞き、そのニーズを満たす取り込みを、デジタルの活用によるスピード感のあるアジャイルなシステム開発によって実現することで、小資本企業が、動きが鈍い大手企業のシェアを奪うような現象が起きている。

図1-1　主なデジタル・ディスラプターと影響を受ける業界

ターゲットとされる業界	代表的ディスラプター	業界に及ぼす影響
書籍販売チェーン	Amazon	インターネットでの通販および電子書籍市場の拡大によりリアルの出版は縮小
ビデオレンタルチェーン	Netflix	いつでもどこでも視聴できレコメンデーションがされるビデオオンデマンドサービスが普及しビデオレンタル市場が縮小
メディア	YouTube	個人・団体が自由に動画を制作し配信できるプラットフォームに視聴者がシフト
CDショップチェーン	Spotify	サブスクリプションによって定額で音楽を聴けるプラットフォームにリスナーがシフト
宿泊業、旅行業	Airbnb	宿泊業ではなくても部屋を貸したい人と宿泊したい人をマッチングさせるプラットフォームに利用者がシフト
タクシー会社レンタカーチェーン	Uber	より簡易かつ安価に移動ができ、ライドシェアを可能とするプラットフォームに利用者がシフト
自動車メーカー	Tesla	自動運転に加えて、購入後の機能追加や性能向上、オンライン購入など業界の常識を覆すモデルを展開
オンライン決済サービス	Stripe	数行のコードを挿入するだけで簡単に組み込むことが可能な決済ツールを提供し、決済市場を席巻

出典：Ridgelinez

　実際に、このようなディスラプターによる「破壊」はあらゆる産業で起こった。例えば全米第2位の書籍販売チェーンのボーダーズは、アマゾンの誕生後16年で日本の会社更生法にあたる米連邦破産法11条を申請。世界最大のビデオレンタルチェーンのブロックバスターもネットフリックスの誕生後13年で同じく米連邦破産法11条を申請した。1918年に創業し米レンタカービジネスの最大手だったハーツも、シェアライドの台頭に加えて新型コロナウイルス感染症に止めを刺された格好となり、2020年に米連邦破産法11条を申請している。翌年には復活するがテスラ車を10万台発注し、レンタルと充電、デジタルガイダンスをセットで提供するなど、モビリティ企業に変革すると述べている。我々がここで注目すべきは、これらのディスラプターの登場によって従来型の老舗企業が破綻に追い込まれるまでの期間が短期化している点であろう。

自分たちの既存ビジネスがディスラプターの存在によって短期間で一気に失われかねないという危機意識が日本企業の経営者にも浸透し、ＤＸへの強力な動機付けとなっている。

にもかかわらず、日本企業の変革が進まないのはなぜか。事業環境が急速に変化していても変革ができない、あるいはグローバルに見ても変革が遅い理由は以下の３つであると考えられる。

①　変革を継続的に回し続ける、組織を縦横に繋ぐ強いリーダーシップ不足
②　個の理解によって変革の原動力を最大化させる人起点での取り組み不足
③　高度経済成長期から組まれた人事制度などの仕組みの経路〝相互〟依存性

①変革を継続的に回し続ける、組織を縦横に繋ぐ強いリーダーシップ不足

日本企業の縦割り傾向の原因ともいえる事業部制は、第二次世界大戦前後の経済成長の中でデュポン、ＧＭやＧＥなどの大企業が複数の商品カテゴリーやブランドをマネジメントするために事業ごとにＰ＆Ｌ（損益計算書）を見えるようにしたことがきっかけで、極めて合理的な経営の選択肢として世界的に広まった。日本では、更にさかのぼること１９３３年に松下電器産業（現・パナソニック）が導入し、研究開発から生産販売までの収支を事業部別に見ることで責任を明確にした。

歴史的に馴染みがある組織運用体制ということもあり、日本では高度成長期を経て94年のソニーに始まるカンパニー制のトレンドへ移っていく。

こういった事業領域ごとの縦割り組織には一定の合理性はあるが、個別最適や事業の重複を回避するためには組織を俯瞰でき、高い能力を備えたリーダーの存在が不可欠となる。ＧＭにおけるアルフレッド・スローンや松下電器産業における松下幸之助のような存在である。京セラやＫＤＤＩを創業し、２０１０年１月に会社更生法の適用を申請して事実上倒産した日本航空（ＪＡＬ）を約３年で再建した稲盛和夫氏をイメージする方も多いだろう。

更に、柔軟性やスピード感という点での課題もある。情報通信の進化、デジタルテクノロジーの革新、顧客ニーズの変化によって企業を取り巻く事業環境が目まぐるしく変わり、競争環境の構造的変化に従来型の縦割り組織では俊敏な対応が難しくなってくるからだ。例えば、小売業界でのオムニチャネル化が挙げられる。テクノロジーの進化によってオンライン・オフラインの境界を顧客が意識することなく購買の意思決定をするようになると、新しい顧客行動の変化（オフラインで商品を品定めしてからオンラインで購入する、またはその逆、というような行動）が起こる。それに伴って、店舗やEコマースでチャネルの役割が変化しているにもかかわらず、企業側は店舗やEコマース、コールセンターなどの組織が縦割りのままで、顧客データの共有にも障壁がある状態にある。それでは、顧客に最適なサービスを提供する、あるいは他社との競争に迅速に対応できないのは当たり前である。

事業環境の変化に合わせて柔軟かつ迅速に組織構造を変えられることが理想であり、事業領域別の縦割り組織であっても事業を俯瞰し、組織にまたがる顧客ニーズを的確に掴みながら縦横のコミュニケーションができるリーダーが存在すれば変革を主導できるはずだ。問題は、日本企業にはそのようなリーダーの育成が十分にできていない、あるいはそれを機能的に可能にする仕組みが欠如しがちであるということではないだろうか。

②個の理解によって変革の原動力を最大化させる人起点での取り組み不足

忘れてはならないのは、デジタルという言葉で代表されるテクノロジーは、あくまで手段でしかないということだ。とかく、DXとなると、AIやデータ利活用、最新のクラウドサービスの活用など、テクノロジーそのものに焦点が当たりがちである。しかし2018年頃に始まった日本におけるDXブームも一巡し、早くからDXに着手している企業ほど、本質的な事業変革や新規事業開発には目先のテクノロジー活用ではなく、それをどのように活用するのか、何を実現するのかの目的意識が重要であることに気づき始めている。

そこで最も重要になるのが、持続的かつ自律的に、イシュードリブンに変革を推進できる人材育成や組織開発だ。例えばマイクロソフトでは、事業変革の中での「グロース・マインドセット」(=自分の才能や能力は経験や努力によって向上することができるという成長思考)の定着が主に注目されるが、その土台にもやはり人と組織カルチャーの変革がある。様々な取り組みが行われているが、例えば、従業員に地道に働きかけることを目的とした、具体的な価値創造ストーリーを経営陣自らが毎週語るリーダーズミーティングの存在が象徴的だ。日本企業の経営層の多くは、人を起点とした変革の実現性について確証を持てない状況にある。というのは、海外の企業に比べて、日本企業の従業員エンゲージメントは、極めて低いといわれているからだ。ギャラップの調査「State of the Global Workplace 2022」によれば、日本企業における熱意あふれる（従業員エンゲージメントの強い）社員の比率はわずか５％。なんと、調査対象１２９カ国中１２８位である。自分の会社に無関心な従業員が過半であるという状況から脱していくためには、自社の事業成長だけにフォーカスすることにとどまらず、経営者自らが従業員をよりよく理解し、その原動力を戦略的に活用していこうという姿勢を示すことが極めて重要ではないだろうか。

③高度経済成長期から組まれた人事制度などの仕組みの経路〝相互〟依存性

どの社会、どの産業、どの企業にも経路依存性という問題が存在する。経路依存性とは〝Path Dependence〟の訳であり、過去の経緯や歴史、出来事による制約を受けることで、現在において優れた、合理性のある技術や施策が必ずしも広がらない現象を表す。

アメリカではオバマ政権時に国民皆保険を目指してオバマケアが導入されたが、いまだに雇用主が提供する民間医療保険が中心的役割を果たしている。国民皆保険は歴史的な試みとして導入が図られたが、民間医療保険の導入を進めてきた企業の賛同が得られずに何度も挫折している。これは、経路依存性による政治課題の一例である。

２０２２年10月、トヨタ自動車がＥＶ用に開発した「ｅ－ＴＮＧＡ（Toyota New Global Architecture）」というプラットフォームの見直しのニュースが流れた。ＥＶもガソリン車やハイブリッド車と同様に同じ車台で生産できるという設計思想が狙いであったが、報道によるとテスラなどのＥＶ専業のメーカーと比較して開発コストなどの面で競争力が保てず、その見直しを余儀なくされたということだ。これも見方としては経路依存性の問題の１つともいえないだろうか。ＥＶ専業で起業した企業はこれまでの自動車メーカーの発想とは全く異なる設計思想でものづくりを行っており、従来のＯＥＭメーカーらは安全面・品質面・コスト面などガソリン車をベースに膨大な経験と知識を基に生まれる自社の発想から脱却する必要がある。そのような危機感が今回の見直しに繋がっているのかもしれない。

日本企業の変革を阻むものとして、特に制度・仕組みの経路依存性の問題が大きいと思われ、人事制度については、それが更に複合的に組み合わさって制度同士が相互依存していることで問題の根を深くしていると見ることもできる。高度経済成長期においては有効に機能していた年功序列や終身雇用をベースとした多くの制度や仕組みの多くが、変化の激しくなった現代では通用しなくなっているということは最早明らかだろう。終身雇用制、メンバーシップ型雇用、労働組合など経路依存もありながら、複雑に相互依存していることで環境の変化に迅速に対応できず、良くても単発の変革に終わっている。

他にも日本企業の変革を妨げているものはあるものの、特に売上が数千億円以上になる大企業ではここに挙げた3つは共通の課題として見られている内容ではないだろうか。事業環境の変化が激しい業界、つまりスピード感を持って抜本的な改革を実現していくことが求められる業界では、これらの課題が顕在化する。ＩＴ業界はまさにそれらが極めてダイレクトに適用される世界でもあり、我々と最も近しい関係にある富士通もそれは例外ではなかった。

「変わらない富士通」を変える

企業は社会にどのような価値をもたらし得るのか。存在意義としてのパーパスの重要性を痛感した時田だったが、それを体現するための富士通の全社変革の課題は多岐にわたっていた。中でも前述の日本企業特有の変革を妨げる理由と非常に近しい次のような状況に置かれていた。

① 従来の仕事のやり方にこだわらずに、顧客の課題をベースに組織を動かす強いリーダーシップの不足
② グループ全体を覆う経営に無関心な従業員の存在
③ 企業の成長を前提に組まれた人事制度などの仕組みの経路〝相互〟依存性

これらの課題を解決すべく、富士通で実行中の変革の取り組みについて以降で紹介していく。

縦割りを打ち破るリーダーシップ

時田は全社変革を推進する上で、既存の組織や人間関係にとらわれない外部人材の登用を通じて多様性のあるマネジメントチームを組成していく。その中でも変革の核となる全社デジタルトランスフォーメーション（のちにFujitsu Transformation＝「フジトラ」としてプロジェクト化する）の推進のために外部から招き入れたのが、富士通の現・執行役員ＥＶＰ、ＣＤＸＯ（最高ＤＸ責任者）、ＣＩＯ（最高情報技術責任者）である福田譲である。

福田は１９９７年に大学卒業後、ＥＲＰ（統合基幹業務システム）の世界最大手であるＳＡＰジャパンに入社した。化学・石油の大手メーカーを担当する法人営業のエキスパートとしてキャリアを磨きながら、新規事業開発の担当役員や営業統括本部長を歴任。14年にはＳＡＰジャパンの代表取締役となり、20年４月に富士通に転じるまで23年間、ＳＡＰに在籍していた。

そのＳＡＰジャパン時代に福田は、時田の前任だった前社長の田中達也の依頼で、米国のシリコンバレーを案内したことがあった。ＳＡＰは２０００年代初め、マイクロソフトに買収されるかという事態に直面したことがあり、世界企業へと脱皮すべく、シリコンバレーに研究所を移して組織変革に弾みをつけたという歴史を持つ企業でもある。

その経緯を説明しながら、富士通の当時の社長である田中にSAPの経営ダッシュボードなどを含めた事業経営の有り様を直接説明した福田は、富士通のグローバル経営の実態を聞き、驚きを禁じ得なかった。世界的に通用するブランドとポジションを築いていながら、経営者がグローバルの数字を経営の意思決定に繋がる形でタイムリーに把握することができておらず、グループ会社のガバナンスもほとんど利いていないという印象を持ったという。

田中の再びの依頼によって、福田は翌年に富士通の取締役全員のシリコンバレー視察を受け入れ、SAPのデータ駆動型経営について改めて説明した。それをきっかけにして富士通が変わることを期待していたからだ。しかしながら、メディアなどを通じて富士通の変革が進んだという話を聞くことはなかった。

「富士通でこのようなレベルなら、多くの日本企業は相当に危ないのではないか」。そう思った福田だが、一方で富士通は世界的に競争力のある技術や優良な顧客資産、そして良い人材も持っているとも感じていた。企業としてのカルチャーも、時代錯誤になっている部分はあるが良いものを持っている。社員一人ひとりが「きちっと」している。真面目で勤勉というのは世界的に見ると大変価値があるし、資本主義に傾倒して多くの欧米企業が失ってしまったもの、GAFAM（グーグル、アマゾン・ドット・コム、フェイスブック〔現・メタ〕、アップル、マイクロソフト）にないものがあると考えていた。福田は富士通を変えられたら多くの日本企業のリファレンスになると考え、時田の招聘を受け入れて富士通に転じ、富士通のトランスフォーメーションの指揮を執ることになる。

社員を奮い立たせるパーパスカービング

福田が富士通に入社して最大の問題だとすぐに気づいたのは、グループ全体を覆う「会社に対する無関心」だった。

「会社を変革することに対して、実は抵抗勢力らしき存在がいませんでした。みんなが変革には賛成する一方で、会社に対するエンゲージメントが非常に低く、何のために富士通にいるのか、何のために仕事をしているのかを考えているように見える社員が少なかったのです」と福田は懐述する。

「上司に言われて仕事をしている」「残業代がつかなくなるので、幹部社員になりたくない」という従業員のリアルな声もあった。数万人が参加しているはずの社内SNSで社長の時田がコメントをつけても、「いいね！」などの反応が100に満たない。グループ12万人が閲覧できるはずの社内ポータルにトップメッセージをアップしても、閲覧数が2万〜3万しかいかない──。その一方で、社員アンケートを取ると「他の部署が何をやっているのかが見えない」という不満も出てきていた。

社員が会社の成長や未来について、なぜこれほどまでに無関心なのか。「無関心レベルが想像を超えていた」と福田は当時の状況を振り返るが、徐々に「富士通という組織の中に、会社の経営に関心を向かわせないような仕組みや構造があっただけに過ぎない」と思うようになる。会社が進んでいる方向性について、社員に疑問を抱かせないような環境を会社自身がつくっている、ということに気がついたのだ。

福田のこの気づきは、その後の改革に大いに活かされている。富士通は2020年5月にグループのパーパスを「イノベーションによって社会に信頼をもたらし、世界をより持続可能にしていく」ことと制定し、全社変革の軸として掲げた。

図1-2 富士通グループのパーパス

出典：富士通

しかしながら、全社変革はトップダウンだけでは実現できない。欠かせないのは、今は無関心な多くの従業員の、多様な個の力による変革をボトムアップで進める意識と意欲だ。彼らの心を動かし、行動を起こす原動力は何なのか？　その第一歩として、社員個々を理解し、その原動力をドライブする取り組みとして「パーパスカービング」を経営陣主導で開始した。「パーパスカービング」とは個人が働くことや生きることの意義を改めて見つめ直した上で、企業のパーパスと自己のパーパスを掛け合わせ、そこで生まれる多様な力を変革の原動力にするという取り組みである。パーパスカービングは全社にわたって実施され、何よりもこの後、変革の先鋒に立つべきリーダー層に変化をもたらした。「変わらない富士通」に諦めの気持ちを持っていたものが、トップファースト（＝経営陣から順に）で行われたパーパスカービングの実施によって、時田をはじめとした経営陣の全社変革への本気度を感じることができた。全社を横断して変革を実践するリーダーシップへ、少しずつ意識の変容が見られてきたのである。

全社を一斉に、同時に変えるためのフジトラ

富士通は先のパーパスを基に２０３０年のあるべき姿を設定し、富士通グループ全体で変革を推進するプロジェクトとして「ＦＵＪＩＴＲＡ（以下、フジトラ）」を20年10月から開始。プロジェクト名のフジトラとは「Fujitsu ＋ Transformation」を略したもので、社長である時田がＣＤＸＯ（当時）として、またＣＩＯの福田がその補佐として、パーパスを基点に富士通グループ全体をデジタルの力で変革していくプロジェクトである。そして、経路〝相互〟依存性を打破するために同時多発的に変革を実践していく。

変革テーマの対象は〝聖域〟なく選び、事業部門から管理部門まで部門を問わない。

上がってきたテーマを分類・分析し、優先順位をつけて同時並行で推進。現在では150ほどのテーマがグループ全体において同時並行で取り組まれている。「現場が主役・全員参加」というスローガンを掲げ、主要組織、主要グループ会社、リージョンごとにDX責任者（DXO）を配置し、DXO同士が推進するテーマの課題や悩みを相互に共有し、DXOたちによるコミュニティが解決し合うプロジェクト推進の基盤も構築できている。

ファーストペンギンとしての出島組織

フジトラの本当の目的はデジタル化を進めることではなく、顧客の悩みや社会課題に対して自らが課題を設定し、解決し、新しい変革を起こしていくための意欲と能力を醸成していくことだ。これは、これまで富士通がやりたくてもできなかったことでもあり、富士通という企業そのものの変革を体現してみせることでもある。

「果たして全社DXプロジェクトだけでそのような姿になれるのか？」「もっと加速させる手段はないのか？」――。その解の1つとして生まれたのが、社外から変革を加速

経営のリーダーシップ

- CEOがCDXOを兼務
- ステコミの主体的なプロジェクトへの参画
- 全社の各プロジェクトとの連動
- CEO直下にPMO組織を新設（DXD）
- 経営～現場のタテ連携、デジタルに声を聴く仕組み

現場が主役・全員参加

- 各組織ごとにDX責任者（DXO）を任命
（主要組織、各リージョン、主要グループ会社）
- DXOたちによるコミュニティでプロジェクト推進
- フジトラと同じ体制を各部門ごとに組成（xxトラ）
- 有志メンバー制度、SNS上の変革コミュニティ

カルチャー変革

- デザイナーによる企業変革のデザイン
- デザイン思考、心理的安全性
- Diversity & Inclusion
- 人材変革プログラムの全社展開

図1-3　フジトラのプロジェクト体制（2023年3月時点）

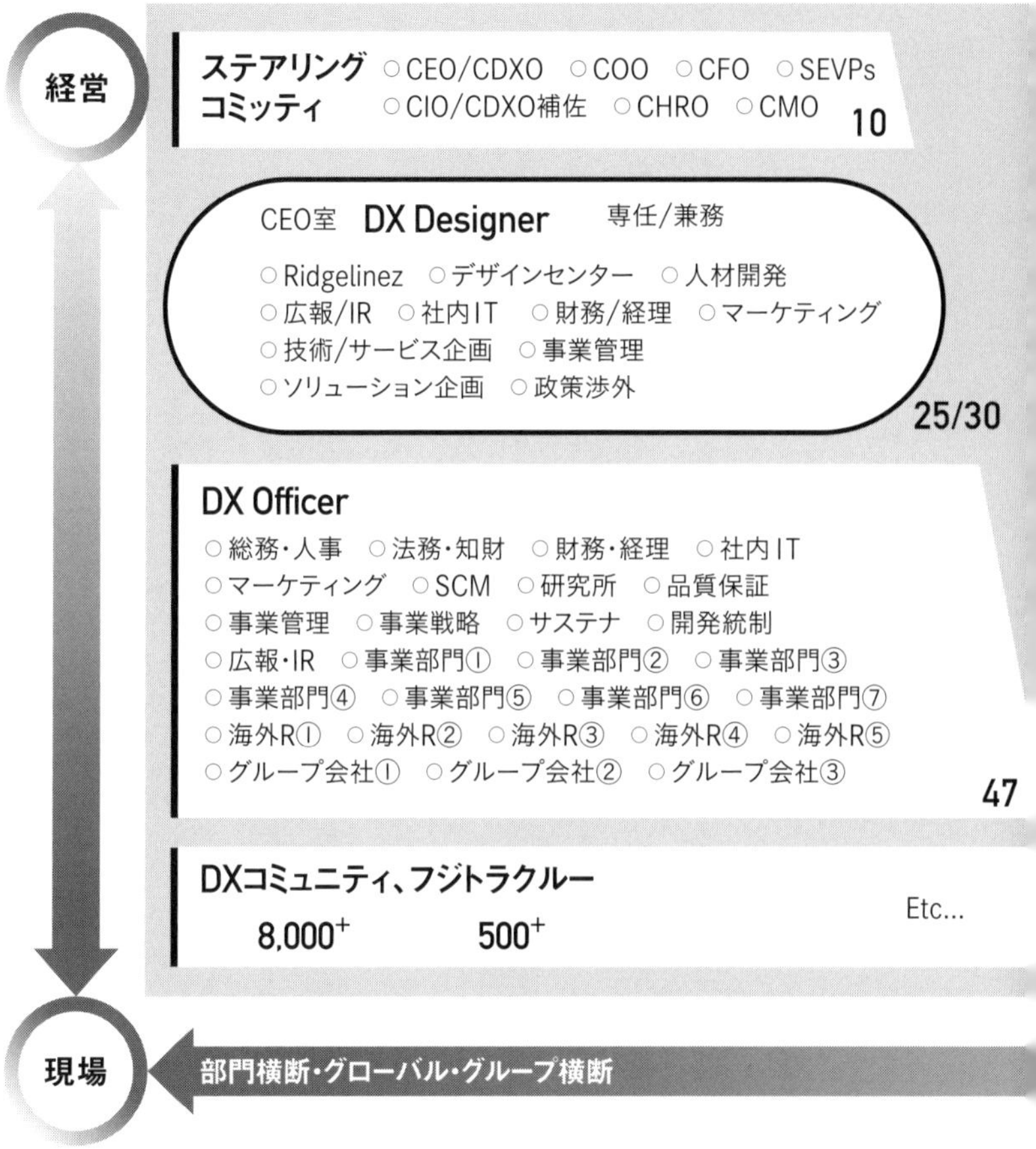
経営
ステアリングコミッティ
○CEO/CDXO ○COO ○CFO ○SEVPs
○CIO/CDXO補佐 ○CHRO ○CMO
10
CEO室 DX Designer 専任/兼務
○Ridgelinez ○デザインセンター ○人材開発
○広報/IR ○社内IT ○財務/経理 ○マーケティング
○技術/サービス企画 ○事業管理
○ソリューション企画 ○政策渉外
25/30
DX Officer
○総務・人事 ○法務・知財 ○財務・経理 ○社内IT
○マーケティング ○SCM ○研究所 ○品質保証
○事業管理 ○事業戦略 ○サステナ ○開発統制
○広報・IR ○事業部門① ○事業部門② ○事業部門③
○事業部門④ ○事業部門⑤ ○事業部門⑥ ○事業部門⑦
○海外R① ○海外R② ○海外R③ ○海外R④ ○海外R⑤
○グループ会社① ○グループ会社② ○グループ会社③
47
DXコミュニティ、フジトラクルー
8,000+ 500+
Etc...
現場
部門横断・グローバル・グループ横断

出典：富士通

させるDXコンサルティングファームとしてのリッジラインズである。

富士通の抱える変革に向けた課題は、多くの日本企業にも共通しており、富士通でそれらを解決できれば、同じような境遇に置かれている日本企業にとって貴重なリファレンスモデルとなり得る。しかし同時に、大企業である富士通では新しい施策や実証実験などに向けた意思決定や、必要なタレント・チームの組成がスピード感を持った形で実施できない場合が多い。そのためのファーストペンギン役として出島組織（この場合は資本関係で繋がってはいるが、経営の自主性を高く持てる組織の意）であり、プロフェッショナルファームとしてのリッジラインズの存在が生きてくる。

取り組みの例としては、ジョブ型人事制度を前提にした360度評価や、組織間での人材の移動を柔軟にするプラクティス制、経費精算などの社内のバックオフィス業務をデジタルツールをフル活用して完全自動化する取り組み、新たな知見の創出活動としての「Human & Values Lab.®」（後述）などがある。いずれもリッジラインズで始まり、富士通本体でも活用・検討されている取り組みだ。

変革の要諦は人の行動変容である

ここまでの富士通の変革の現場を振り返ると、人を起点とした企業の変革に取り組む際のファーストステップとして捉えることができる。

人起点変革のファーストステップ

ステップ①　変革に取り組む明白な理由を示す
ステップ②　企業としての新しい目的を設定する
ステップ③　対話を通じて企業の目的と従業員の原動力を共鳴させる
ステップ④　新しい目的や変革に熱意ある現場が行動変容できる環境をつくる
ステップ⑤　ファーストペンギンを設定し、変革を加速する

まず前提としてあるのは、いかに素晴らしい戦略が描けたとしても、トップから現場に至るまでそこにいる人々の行動変容が起きなければ、外から見ていても会社は変わっていないと思われるし、実際、変わっていないということである。そのため、変革に取り組む理由や自社の目的を従業員一人ひとりが理解し、行動に繋げられるための環境づくりがＤＸの初期ステップでは肝要となる。富士通では経営方針説明会においてＤＸ企

図1-4　人起点の変革のファーストステップ

出典：Ridgelinez

業への転身を宣言し、全社員に対する強い意識付けを実施した（ステップ①）。続けてパーパスを制定し（ステップ②）、自社が向かう方向性を明確にした上で、対話を通じてパーパスを浸透させていった。それが12万人に向けたメッセージや、パーパスカービングである（ステップ③）。

　ここまでくると、ただのスローガンや一過性の取り組みではないということに従業員が気づき始める。本気で取り組みたいという熱意ある現場もちらほら出てくるが、そのときにポイントになるのが、彼らが考え出した新たな施策をすぐに実践できる環境をつくるということだ。フジトラは全社の変革活動としてそれらを見える化し、活動やその成果がすぐに共有できるような環境を提供した。こうなると、後続が変革に向けて動きやすい状況がつくられ、自発的に挑戦しようとする動きも加速してくる（ステップ④）。

その頃には抜本的に変化を起こす必要があるテーマや、これまでの常識にとらわれては決して解決できないテーマも明らかになってくる。そこでファーストペンギンを設定し、既存の組織やプロセスの影響を受けにくい状況で試行錯誤をさせ、うまくいったものを「本丸」に取り込んで一気に変革を進めていく。富士通にとっては、リッジラインズがまさしくファーストペンギンであり、出島として新会社を設立したのもそれが狙いの１つであった（ステップ⑤）。

富士通の場合は、これらのステップを経ることによって、変革を推進する人が自ら考え、行動を起こし、成果を生み出していくことが可能になる状態を創り出していった。繰り返しになるが、変革を起こすのはまぎれもなく人である。リーダー自らが行動を起こし、周囲の行動を変容させていくためのアプローチとして、これらのステップを活用できる。

日本企業の変革・DXで特に重要となるのはステップ①～③である。アナログ・物理データをデジタルデータ化したり、個別の業務をデジタル化したりするだけでは、トランスフォーメーションとはいえない。組織を横断した全体の業務・製造プロセスのデジタル化・見える化を行い、事業運営やビジネスモデルを変革してこそＤＸが達成されるといっていいだろう。そのためには、繰り返しになるが自社の（変革の）目的を戦略的に設定し、一人ひとりに理解を促し、浸透させていくことが必要になる。この①～③のステップをおろそかにして、個別の業務におけるツール導入を検討しても、大きなインパクトを出すのは難しい。

そしてこれらのステップは、変革を起こすための序盤に必要なものに過ぎない。活動を更に活性化させていくことで、ムーブメントを起こし全社に広げていくことが重要となる。一過性の取り組みに終わらせることなく、上層部から現場まで巻き込んで変革の理由をそれぞれのレイヤーが「自分事化」し、時に新たな目的を設定し更なる行動に繋げていくこと、このサイクルを継続していくことによって大きな変革を遂げていくことができるようになる。

以降の章では、事例などを基により具体的な形で変革の核心に踏み込み、どのような発想や着眼点を持って変革を進めるべきかを解説していく。

第2章

リッジラインズ、出島としての決意

真のトランスフォーメーションへの挑戦

2020年3月、元PwCコンサルティングの副代表からリッジラインズ代表取締役CEOに就任した今井俊哉は並々ならぬ決意で、富士通の〝出島〟としての役割をメディアに説明した。「富士通は変われるのか?」――。富士通はこれまで変革に何度も挑戦してきた経緯もあり、メディアは一様に囃し立てた。

今井が〝出島〟という位置付けにこだわったのには実は理由がある。今井は1982年に新卒で富士通に入社して約4年間、SE・営業としての経験を積んだ。その後、転身して戦略コンサルタントとしてのキャリアを積む中で、富士通を外部から支援する機会にも遭遇した。その結果、内部からしか知り得ない富士通のカルチャーや行動様式と、市場の第三者の視点で富士通の価値と課題を知る稀有な存在となった。それまでのプロの変革支援者としての経験から、親会社である富士通の変革には富士通らしさやこれまでの成功体験、富士通における過去からの経路依存的な制度や行動様式からの脱却が必要と確信していたのである。

また今井は、リッジラインズがプロフェッショナル集団としての変革創出企業という形で立ち上がっていくには、従来の富士通とは一線を画すオペレーションモデルや組織運営を取ることが必要であり、そのためには本体と全く違う人材の採用、思い切った人事・報酬制度の導入、新たな行動規範の定義などが必須だと考えていた。しかしながら、創業当初は事業の垂直立ち上げを実現するため、一部、他の戦略コンサルティング企業からの採用メンバーなども含まれていたものの、富士通からの出向者やグループ会社である富士通総研からの移籍メンバーが大半を占める形でスタートを切ることとなった。その結果、「富士通と異なる価値提供とは何なのか？」という市場の評価も囁かれ、経営と出自が異なる社員との間の意思疎通も、当初は困難な面があった。

今井自身はそのような状況に危機を感じていたものの、リッジラインズ自体が変革の担い手として顧客に徐々に認識されるようになったのは、多種多様な従業員が意識変革にとどまらず行動変容を促すための施策を立案し、それらを徹底的に実行し、結果としてクライアントの変革を成功裏に導くことで成果を上げていったことによるものが大きい。主な施策としては、①人・顧客・社会を見据えた「人起点」の発想（後述）での変革を事業の目的として設定、②多様な人材における共通のコンピテンシーを定義、③透明性を担保する３６０度評価制度の導入、などが挙げられる。つまり、社会からの要請でもある事業の目的を従業員に明示しながら、その実現に向けた必要かつ共通のコンピテンシー（個人の能力や行動特性）を定義し、そのコンピテンシー定義に基づいた評価を透明性を持って実施していくこと。それによって意識の高い優秀な従業員が自身の評価に納得し、会社への帰属意識を高められるような環境を整備していった。コンサルティング事業では、人が文字通りの資産であるため、その集団としてのクオリティを高めていく仕組み・仕掛けについて今井は徹底的にこだわった。

実は、このような自社の立ち上げ時の徹底した行動変容の成功体験が、リッジラインズが提唱する「人起点」での変革の原体験となっていったのである。

「人起点」の発想が変革の中核を担う

社会へのインパクトを見据えた企業のパーパスの在り方、そして、組織としてそれを実現するための原動力としての「人起点」の思想は、昨今、最も重要な経営の考え方として捉えられるようになってきている。背景にあるのは、株主資本主義の限界と疑問だ。そこには次の2つの要素が絡み合っていると考えている。

まず1つ目としては、企業視点でのステークホルダーの捉え方の変化がある。ＥＳＧ、ＳＤＧｓ、人的資本経営などの社会的な視点への関心が高まり、これらの要素が経営の議論の重要テーマとみなされるようになった。ＥＳＧはEnvironment（環境）、Social（社会）、Governance（統治）の視点に基づいた投資の指標。ＳＤＧｓのSustainable Development Goals（持続可能な開発目標）は、「持続可能な開発のための２０３０アジェンダ」として国際的な社会問題を解決するために定めた17の目標と１６９のターゲット。人的資本経営は、従業員の能力や知識などの無形資産の重要性を中心に据えた経営を指す。

これらの3つは、少しずつ目的が異なる枠組みではあるものの、対象となるステークホルダーは同じだ。米国の主要企業の経営者をメンバーとするビジネス・ラウンドテーブルによる２０１９年の声明文では株主資本主義を改める内容が示されたが、その中ではステークホルダーとして①顧客、②従業員、③取引パートナー、④地域社会、⑤株主が挙げられた。つまり、「〝誰を〟見て経営を司るのか？」ということが、改めて顧客・従業員・社会という形で定義されたのである。

2つ目は消費者・従業員へのパワーシフトだ。前述のように、企業経営が株主資本主義からマルチステークホルダー資本主義へと変化していく中で、企業は消費者や従業員に一方的な価値提供をしていくだけでは立ち行かなくなってきている。単に安ければいいだけではなく、社会的に意義のある商品を選ぶ消費者も増えてきている。優秀な人材を確保するためには、報酬だけではなく企業の社会性を重視する従業員の視点を大切にすることも当然となってきた。そこで重要視されるようになってきたのが、企業と消費者および従業員が互いに〝共感〟を得られるような双方向的な関係性だ。つまり、企業としてはその社会的存在意義（パーパス）であったり、事業活動のプロセス自体の透明化だったり、環境に対するインパクトなどを可視化したりすることによって、従来の投資家からの支持に加えて、消費者や従業員から支持を得ることが重要になってきている。

実は人中心の経営という考え方そのものは、マネジメントの手法として新しいわけではない。ピーター・ドラッカーはHuman Centered Management（人間中心経営）として、人の幸せが中心にあり、人間を企業にとっての最大の資産として捉える経営を説いている。それが、社会的な背景の変化の中で、より一般化してきていると捉えるべきであろう。

本書で中心となる企業のトランスフォーメーションにおいても、「人起点」の経営は最も大切な考え方であり、あらゆる変革における軸となる。ではなぜ、トランスフォーメーションに人起点の考え方が重要であり有効なのか。ポイントは、変革の「自分事化」だ。

15年ラグビーのワールドカップにおいて、強豪南アフリカ代表を破った日本代表を率いたエディー・ジョーンズ元ヘッドコーチが日本人のリーダーシップ特性を語っていることがその課題を象徴している。ウェブサイト「賢者の選択」内のインタビュー(https://kenja.jp/938_20151022/2/)から以下、一部を引用する。

「(チームのマインドセットから変えて、その行動自体を変えて強いチームに変革していく上で)ほとんどの選手が、自分がリーダーになりたいとは思っていないのが残念」

「日本の選手たちは、問題が生じても議論することでしこりを残してしまうことを恐れる。(中略)この発想を変えなくては、原因を指摘して責任を持たせようとすることは実現困難だ」

このコメントは、日本のトップクラスのラガーマンたちであっても、変革に向けてオーナーシップ(自分事化)を積極的には取りにいかず、また変革に伴う苦痛やしこりを回避する傾向があったことを示している。それをどのように乗り越えていったのか。

ジョーンズ氏は、勝つための組織をつくるにはまず「チームとして同じ価値観を持つこと」を最上位に掲げて、変革に向けての共通基盤をつくりあげることが重要としている。そして、意識を変えていくために「個（メンバー）を理解して、それぞれ異なるポテンシャルに気づかせること」などを挙げ、「そのポテンシャルを活かすために一人ひとりを理解して、新しいことを実行させる」と述べている。過酷な練習風景をテレビでご覧になった方も多いと思うが、同日本代表は、本大会までの4年間で強い負けない組織を創りあげるために、価値観を共にして、メンバー個人の力を信じ、その意識を変え、行動まで変えてきた。それがビジネス、スポーツを問わず、変革の目的・ゴールまでの最短距離であることを象徴している。

トランスフォーメーションを意図して、最新テクノロジーの導入やデータ利活用をいくら積極的に試みても、それらをもってして企業に新たな価値を生み出せるかどうかは結局、人にかかっている。企業のパーパスに共感を覚え、個々人がポテンシャルを十分に引き出していける状態にあってこそ、急激な環境変化にも柔軟に対応し、より高い付加価値を導く行動への変化を自ら起こすことが可能となる。そのような人起点での行動変容を促す意識改革が、トランスフォーメーションを成功に導くのである。

「人間性」と「経済性」の二律背反性を埋める

経済学者フリードマンの「企業の社会的責任は利益を増やすことである」という有名なエッセイに始まった株主資本主義から、昨今のマルチステークホルダー資本主義への動きは単なる一過性のトレンドとはいえないダイナミズムを秘めている。今、人間社会は経済性から人間性への大きな転換期を迎えているといえそうだ。その1つの示唆として、スターバックスCEOのハワード・シュルツ氏のコメントを紹介する。

「我々は単にコーヒーを提供するのではなくて、コーヒーを提供するピープルビジネスをやっているのです。（中略）間違いを起こすときは大抵ピープルビジネスであることを見失っていることが多いのです。我々は（ピープルビジネスであることを）最も大切にしてきたことでイノベーションを実現できているのです」（https://mastersofscale.com 内のコンテンツ「Episode 21: Masters of Scale with Reid Hoffman　How to do good and do good business　Starbucks'Howard Schultz」から引用）

シュルツ氏のコメントは、あらゆるステークホルダー、特に従業員や社会、パートナーを常に優先して考える経営は以前から存在していたという証左として読み取ることができる。ただし、それは、利益を度外視してよいということでは決してない。利益があることで、企業のゴーイングコンサーン（Going Concern＝企業が将来にわたって継続していくという前提）が維持される。つまり、今、企業に求められるのは、社会的価値を上げることをコストとして捉えるのではなく、利益を確保する経済性と各ステークホルダーを思いやる人間性を両立させる経営のイノベーションを実現することなのである。

人の求める価値を捉えられない企業が衰退する3つの理由

トランスフォーメーションの重要なドライバーとして従業員による「自分事化」を挙げたように、「人起点」の経営というときの「人」とは顧客だけに限らない。顧客・従業員・社会という多面的な立場を総合的に「人」と捉えて経営を考えるのが、本質的な人起点の経営と我々は考えている。しかしながら、環境変化が激しい中で「人」の求める価値を捉え続けることは簡単ではない。それら「人」の価値を捉え続けることができず、企業が陥りやすい罠を3つ挙げたい。

図2-1 企業が陥りやすい3つの罠

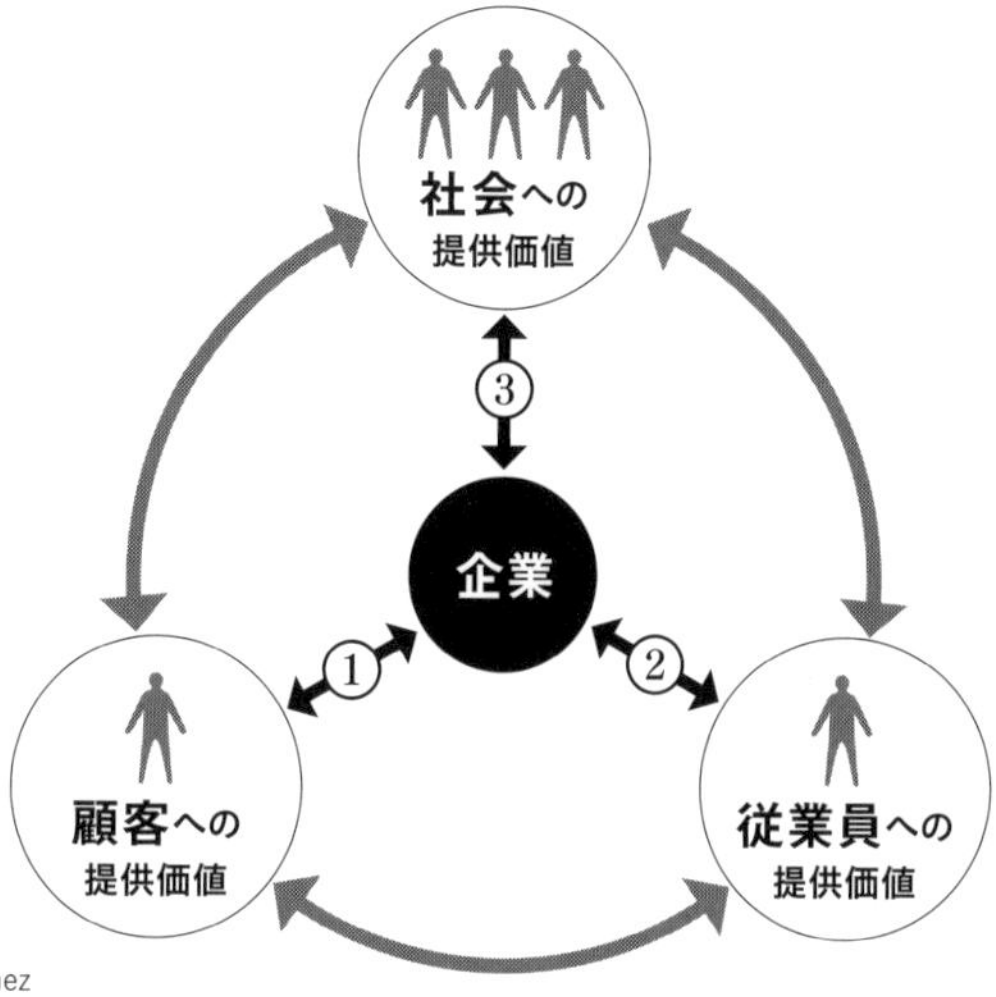

出典：Ridgelinez

①企業が考える提供価値よりも顧客のニーズが先行して進化している
②企業の従業員に対する提供価値が従業員の本質の理解を欠いている
③社会から必要とされる企業の対応が表面的で真の行動に移せていない

①企業が考える提供価値よりも顧客のニーズが先行して進化している

企業が自社の商品やサービスの設計を行うときに、顧客に対してどのような価値を提供するかについて考えることが原点である。しかしながら、その検討内容以上に顧客のニーズが先行して進化していき、企業が対応できず、企業の商品・サービス戦略自体が陳腐化する。気づいたときには既に時機を逸しており、企業を倒産に追いやることもある。

その過ちを表している例が、デジタルカメラの成長に伴い、フィルムメーカー最大手のコダックが2012年に日本の会社更生法にあたる米連邦破産法11条を申請するという状況に陥ったことであろう。銀塩フィルムカメラからデジタルカメラに移り変わったのは1990年代末のことだが、2010年にかけて銀塩カメラとデジタルカメラを合わせたカメラの年間出荷台数は3600万台から1億台にまで増加し、最盛期を迎える。これは、従来の銀塩カメラでは応えることができなかったニーズ（すぐ見られる、何度でも撮れる、保存・加工が容易など）を捉えたものである。コダックは、実はデジタルカメラを1975年に世界で最初に開発したメーカーであり、同社は80年代から2000年以降の市場全体のデジタル化への潮流をかなり正確に描写していた。しかし、デジタル化の進行という点ではデジタルカメラへのシフトで機を見て対応できたものの、大きな過ちは〝写真を撮る〟という一連の顧客行動の中で、これまで通り〝プリント〟は引き続き企業のサービスとして必要であると判断、関連事業をM&Aなどによって拡大したことだ。

実際はデジタル化によって写真の〝共有〟は盛んに行われるようになったものの、顧客は〝プリント〟を企業に依頼せずに必要な分だけ自らのプリンターで出力するようになり、結果として同社は誤った提供価値への事業投資に固執し続けてしまったのだ。コダックは破産法申請時でも1兆円の売上規模があったとされるが、それほどの売上＝顧客接点があったにもかかわらず、後々の市場の変化を正しく読み取れず、経営陣が気づいた頃には手遅れの状況まで企業として追い詰められてしまったのである。

②企業の従業員に対する提供価値が従業員の本質の理解を欠いている

従業員への提供価値はEmployee Value Propositionであり、日本でも多くの企業が戦略的なプログラムとして重要視している。具体的には、企業としてのミッションやバリュー（価値観に近い概念）の設定から始まり、入社したときのオンボーディング、公正公平な職場環境づくり、キャリアアップ支援、それから退職後のネットワーク支援など、企業と従業員の接点の様々なステージにおいて検討がなされている。

しかしながら、日本企業全体で見ると世界的には従業員のエンゲージメントのレベルが低く、第1章でも述べたようにギャラップの2022年の調査では、熱意のある社員の割合はたった5％（米国・カナダは33％）という結果も出ている。終身雇用制がいまだ主流であるため、企業にそこまでエンゲージメントを高める仕組みが備わっていないなどの理由もいわれているが、確固となる原因はわかっていない。ただ、様々な人事の施策が打たれていながら、従業員が求める多様なニーズに対して細やかな価値提供がなされていない、ということはいえるだろう。

また、時代を超えてもなくならない独占禁止法違反、不正会計、品質不正、情報漏洩、労働関連などのコンプライアンス問題なども広い意味では、従業員の不祥事を抑えるための価値提供に企業が成功していないからだといえる。経営陣、中間管理職、現場の担当者に至るまで、各々が取るべき正しい行動がしっかりと共有されている組織では、このような事態は発生し難いはずである。「Values」という言葉があるが、これはなかなか日本語で表現しづらい印象がある。あえていえば、「価値観」という表現が一番近いと考えている。

ハーバード・ビジネス・スクールの19年の調査では、フォーチュン500企業において起きている社内の不祥事は、平均すると週2回以上という結果が出ている。日本の厚生労働省の調査でも、全体的な企業の不祥事・トラブルは増加傾向にあり、ヒューマンエラーの発生、メンタルヘルスの問題、ハラスメント、長時間労働といった問題が増加傾向にあるという。このことを鑑みると、従来型のコンプライアンス部門主導の強化では不祥事を抑えられていないという事実が見えてくる。

ある行動アプローチの研究によると、リスクを冒しやすい特徴のあるチームに対しては、どのような管理のルールがあっても、どのような研修を実施しても、メンバーの行動特性を変えることに成功しない場合が多いそうだ。この研究結果からすると、企業が実施している管理型のコンプライアンス施策は、働く側にとっての真のニーズを満たしていないことになり、結果として社員に対して価値を提供できていないことになる。行動原理の根幹ともいうべきValues（価値観）の定義や組織的な遵守への姿勢などが不明確なままでは、従業員一人ひとりの行動を管理することは極めて難しいのである。

コロナ禍を経て、日本の企業においてリモートワークを筆頭に働きやすさが大きく改善された一方で、従業員のやりがいや誇り、倫理観やプロ意識といったValuesに与える変化はあったのだろうか。企業が従業員個々の本質的な理解を進め、変革の原動力へ働きかけることの重要性は更に高まっているというのが企業経営の実態だといえる。

③社会から必要とされる企業の対応が表面的で真の行動に移せていない

企業にとってのステークホルダーが多様化する中で、環境や社会に与える影響を自社の戦略強化や他社との差異化に織り込んでいくことが経営上必須になってきている。そのためには、事業の中核からは区別された広報的意味合いがあった従来のCSR（Corporate Social Responsibility＝企業の社会的責任）や環境・社会への貢献活動をコストとみなす考え方を改める必要がある。そのことの認知は高まっているものの、現実の行動にまで移せている企業が多いかというと、まだそうはなっていないのが現実だろう。

日本において、社会の要請と企業の実態でいまだに開きが大きいのがジェンダーギャップであろう。世界経済フォーラム発表の2022年のジェンダーギャップ指数において、日本は146カ国中116位で前年からほぼ横ばいだ。分野別のジェンダーギャップで見ると、経済が121位、政治が139位、保健63位と、経済と政治での男女不平等が深刻であるとされている。世界的に見ると、政治の世界ではある一定の女性議員の割合を義務とするクオータ制度を導入している国が増加しており、その潮流の中で日本は今後の導入が検討されると考えられる。経済分野では管理職の男女比のスコアが特に低く、その対策として、女性管理職比率を企業の成果指標として置く企業が日本でも増加傾向にある。一方で、比較的年収が高く女性を含めて優秀な人材が集まるような日本企業においても、女性が管理職に就くこと＝責任を持つこととして、女性自身が忌避感を持つ状況も見受けられる。

ヘルスケア大手のオムロンでは、次世代リーダーの育成による女性活躍の推進を人財施策の１つとして挙げており、その成果指標としてグローバル女性管理職比率を18％以上にし、他の施策と合わせて人的創造性（人件費当たりの付加価値）を前年比７％向上させるとしている。重要なのは、ジェンダーギャップの解消という社会的要請に応えることを自社戦略の企業価値向上のストーリーの中心で描いていることである。同社社外取締役の小林いずみ氏は、「目に見えるダイバーシティは入り口に過ぎないと考えています。私が思っているダイバーシティというのは、異なる経験や意見をもった人たちがお互いを尊重し、時には論争し、その結果共感に至り、新しいものを生み出す――。これこそがダイバーシティの醍醐味であり、本当の価値です」（「オムロン統合報告書２０２２」から引用）と話している。

ジェンダーギャップは１つの例に過ぎないが、ＳＤＧｓの17のゴールに照らし合わせても日本企業が既に直面している社会への提供価値とのギャップをどう埋め、企業価値の向上と関連付けていくのかは最も重要な課題といえるだろう。

企業がこれらの陥りやすい罠を回避しなければ、これまで積み重ねてきた社会や顧客、また従業員に提供してきた価値が新しい時代や社会の要請と乖離《かいり》し、これからの成長の阻害要因となりかねないことは明白だ。罠に気づかないか、もしくは気づいていてもまだその影響は小さいものと対策を先送りし、足踏みを続けていると、いずれ従業員や社会から見捨てられ、結果としてディスラプターの登場などの事業環境の変化に対応できない企業体質になってしまう。企業や社会の将来を築き上げていく上で、組織のリーダーとしての経営陣の役割は大きいのである。

変化に対応するための「人起点」の発想

企業は変化への対応を図るが、その反作用でニーズと提供価値のずれが拡大してしまうこともあり得る。例えば、顧客価値の向上のために実施した施策が従業員のモラルやコンプライアンス意識の低下を招き、ひいては社会的に悪影響を及ぼすような事態になることも考えられる。経営トップから現場の従業員に至るまで、すべてのレイヤーが顧客、従業員、社会とのずれに敏感になり、既存事業やこれまでの成功体験に引きずられずに、そのずれを正しく分析・評価することが必要である。

ずれに気づき、対処し、行動変容を起こしていくのは人であるという考えが「人起点」の発想の原点にある。顧客に対してどのような事業を提供するか。従業員に対してどのような組織・人材開発の環境や仕組みを提供するか。そして社会に対してどのようなパーパスを打ち出し、それを実現していくか。それぞれのあるべき姿を組織や企業の理論ではなく、そこに関わる人の視点で考え、具現化していくということだ。

例えば、顧客について「人起点」で考え抜くとはどういうことなのだろうか。サービスの満足度を上げるために表層的で短期的なインサイトに基づいたデザインを適用したり、顧客の離反を防ぐようなキャンペーンを展開したりすることに終わらせず、その先にある顧客の本質的で継続的な価値をどう見出し、提供していくのか。顧客自身の自己実現や幸せ、更にいえばその周囲の人々やコミュニティへの影響などについても、これからはもっと向き合う必要が出てくるだろう。

従業員ではどうだろう。世代間ギャップや価値観の多様化が加速していく中で、企業と個人が新しい関係を築き、共に成長していくにはどうしていくべきだろうか。従業員が価値を感じるのは、働き方や報酬、待遇面といった外発的な動機だけではないはずだ。一人ひとりのパーパス、中長期のキャリアビジョンを実現していくのは従業員それぞれの力によることに他ならない。少なくとも自社のパーパスや企業が提供する成長の環境などと個人のパーパスやキャリアプランなどとの間に内発的な動機に基づく共感がなくては相互の持続的な成長は難しい。また、優秀な人材を確保することも困難になっていくことだろう。

社会との関係を考えるには、更に時間軸を広げる必要がある。中長期的な視点から、自社の取り組みでどのような価値を提供することができれば社会から必要とされるのか。解決すべき社会課題は何で、企業のアイデンティティや事業との整合性をどのように取っていくのか。未来の社会を見据えた高い視座が必要だ。

顧客、従業員、社会と共に企業が成長していくにはどのような行動原理が必要なのか。これらの答えのない課題に向き合い、常に試行錯誤を繰り返しながら変革を進めていくのが「人起点」の発想といえる。パーパス、事業、人・組織という企業を構成する3つの要素を「人起点」で捉え、持続的に進化していける未来を創っていくことこそが、トランスフォーメーションの本質といってもいいだろう。

次章では、そのために必要となる、具体的なトランスフォーメーションのアプローチについて解説する。

第3章

一人ひとりの行動変容から企業は変わる

全社的な変革を加速させる「4X思考」

組織的な行動変容を起こすための「4つのX」

本章では、事業、組織・人、パーパスの3つを「人起点」で捉え、持続的に進化する未来を創っていくためのアプローチについて紹介していく。

前述のように、企業のトランスフォーメーションには「組織内にいる人材が本来的に持っているパワーを最大限に発揮してもらう」ことが極めて重要になる。そして、我々は企業としての行動を目に見える形で変えていくためには〝人・組織〟の行動様式も同時に変えていくことが必要と考えている。以下でトランスフォーメーション実現のためのポイントとなる「人を捉える2つのeXperience」と「ビジネスを高度化させる2つのeXcellence」を掛け合わせた「4つのX」について解説する（図3－1参照）。さらに第4章・第5章では、この「4つのX」の変革を同時に進めながらトランスフォーメーションを推進している企業の実例を紹介したい。

CX＝Customer Experience（カスタマー・エクスペリエンス：顧客）

経営の重要なアジェンダの1つとして、顧客基盤の安定と顧客生涯価値の向上がある。

それを達成するためのCX（カスタマー・エクスペリエンス）＝顧客体験の向上はBtoC企業だけではなく、BtoB企業にとっても競争力の源泉として重要である。昨今のデジタル化が顧客体験の向上を促す一方で、多くの企業がベストプラクティスや実績のあるデジタルツールの活用を進めた結果、皮肉にも同質化（例えば、小売業界において多数の企業が同じようなデジタルツールを活用したサービスを展開しているなど）が見られるようになり、顧客視点では企業の独自性を感じられないという事象が起こっている。そのような状況下、顧客それぞれが持つ本質的な価値観（コアバリュー）を見極めて、自社の提供価値を再定義することがますます重要になってきている。

表現としては簡単に聞こえるが、既存のビジネスが大きいほど、改めて自社が対峙している顧客について「どのような価値観を持っている人なのか？」「顧客の求めるものがどのように変化しているのか？」ということを正確に認識することは容易ではない。また、顧客への提供価値を考える上で、「改めて自分たちは何者なのか？」「どのような目的（企業の存在意義）を持っているのか？」から立ち返る必要性がある場合も少なくない。

ポーラ・オルビスグループのオルビスでは、低迷していた業績の改善に向けて、短期施策に陥ることなく、自社の存在意義やミッションの再検討から社員と共に自問自答することを起点として顧客への提供価値を再定義した。同社は、その再定義された顧客提供価値を軸にCXを起点にした変革に着手していったのである（第4章で詳細を記述）。

EX＝Employee Experience（エンプロイー・エクスペリエンス：従業員）

人的資本経営が日本企業の重要な経営アジェンダとして扱われるようになり、その文脈でEX（エンプロイー・エクスペリエンス）の向上も企業の社会的価値を考える上でその重要性を増している。国際政治や社会情勢が劇的に変化し、予測不能な事業環境下で、従業員に対応力があり、自律的にアップスキルやリスキルすることで自社に貢献してくれることが理想である。

しかしながら、コロナ禍によって半ば強制的に進んだ働き方の変化による影響などもあり、従業員の働く価値観は劇的に変化した。1つの企業で従属的に働くことよりも、より好きな場所で好きな仕事をしながら家族との生活のバランスを考えて働くことを、より重要視する傾向も見られている。これまでの新卒採用を軸として企業が人材を育成する代わりに、ある程度の長期間、従業員として企業に貢献するという日本社会の就業構造の基本形が崩れつつある。企業は改めて従業員を重要なステークホルダーの1つとして再定義し、個々の従業員への提供価値をきめ細やかに設計する必要性に駆られている。

富士通は2019年にIT企業からDX企業への変革を掲げ、その変革を全社で実施していくために、EXを起点にした変革に着手した。これは組織を強くするためには自律した個人の集合体でなければならないという時田の強い意志からであった。その強い意志のもと、まさに人材マネジメントのフルモデルチェンジを決意して進めることとなる（第4章で詳細を記述）。

OX＝Operational Excellence（オペレーショナル・エクセレンス：運営）

OX（オペレーショナル・エクセレンス）は、サービス・商品における「プロダクト・イノベーション」、顧客との関係における「カスタマー・インティマシー（顧客と強固な関係を築き、顧客を囲い込むこと）」と並んで競争力が高い企業の指標と考えられており、徹底的に効率化された現場の業務遂行力が競争力の源泉とみなされてきた。

ただし、これまでのムリ・ムダ・ムラを排除するためにPDCA（計画、実行、評価、改善）を回していくことで効率を追求していく活動に加えて、テクノロジーの進化によってオペレーションの効率化や自動化、自律化していく活動をも含むようになっている。IoTの技術基盤を活用してリアルデータを収集し、デジタル上の仮想空間にリアル空間を再現するデジタルツインと呼ばれる技術によって、熟練技術者の能力を高度に利用できるようになったり、アパレルメーカーにおいてAIによって最適な量の店舗発注を決定したりするようなことがそれにあたる。

大手IT企業では、数百人レベルで行っていた定期的な全社の売上見込み・着地予想の作業をAIで予測することで業務を代替し、単に実績を集計するだけの業務から、近い将来に起きるであろうことを予測した上で、改善のために何が検討できるのかという業務にシフトすることが可能となった。

単にオペレーションをテクノロジーで効率化することだけを追求するのではなく、「そのテクノロジーの導入によって、どのようにして組織が持っている価値創造能力を最大化できるか？」に変革の力点が移ってきているのである。つまり、本来、人がやらなければならないことを強化することが真のOXの目的と据えることで、他のXを補完することも可能であり、それ自体が競争力強化にも繋がるのである。

MX＝Management Excellence（マネジメント・エクセレンス：経営）

経営における意思決定をする事柄は多岐にわたっており、またその意思決定の根拠となる情報も複雑化している。MX（マネジメント・エクセレンス）は、そのような状況下で情報を的確に把握・予測し、目標数値を適切に設定し、タイムリーに意思決定を実現する経営管理の在り方を意味する。このような経営管理の在り方は、昨今、データドリブン経営として語られることが多くなっているが、データドリブン経営を実現できている企業はまだ少ない。

実現を阻む課題としては、①社内（時には社外を含む）で部署を超えてデータが共有できていないといった「データ・システム」の問題、②データをリアルタイムで集約できたとしても、そのデータの意味を正しく捉えて解釈することができない「スキル」の問題、③これまでの慣習にとらわれて、データを根拠に機敏に意思決定していくデータドリブンな変革に抵抗する「文化の壁」の問題、などが考えられる。これらを克服するためには経営として必要となるデータを体系化し、経営陣や事業部門がどの指標を見たいのかを軸に設計されたダッシュボードをアジャイルに開発することが肝要となる。併せて、データドリブン経営を支える人材育成とスキル強化、そして会社全体の文化変革に至る一連の活動が必要になってくるのである。

ある大手ゼネコンでは、厳しい受注競争を勝ち抜くために現場の情報をいかに素早く本社に吸い上げ、意思決定していくかが積年の課題となっていた。ゼネコン特有の複雑かつ裾野が幅広い事業構造に対峙していること、また受注から売上までに複数の決算期にまたがることなどの事業特性もあり、現場の数字を的確かつタイムリーに把握すること、そして環境変化や受注状況に合わせて迅速に要員手配・異動（資源の最適配置）をすることがなかなか実現できなかった。

その打開策となったのは、意思決定の場である経営会議の変革であった。業績に直結する重要指標を中心に絞り込んだ指標をリアルタイムかつ効率的に見られるようにすることで、まずは短期間で経営陣の行動を変えていった。経営トップや役員の要望に応じて経営判断に必要なデータを増やしていく過程で、社内業務のより一層の効率化や組織文化の変革が求められるようになった。当該企業ではMXを起点に全社のDXを推進・実現していくこととなる（第5章で詳細を記述）。

Xの欠落がトランスフォーメーションを阻害する

ここまでトランスフォーメーション実現のためのポイントである「４つのＸ」について解説してきたが、これらはいずれかではなく、いずれもがトランスフォーメーションには欠かせない。企業変革を語る場合、これまで多くの企業はＣＸとＯＸを中心に説明することが多い。顧客のエンゲージメントを高めるためにＣＸを改善し、それを実現するための手段として洗練された業務遂行（＝ＯＸ）を追求するという順番である。しかしながら、ＣＸの改善とＯＸの向上だけでは企業全体が持続的で大きなインパクトをもたらし得る変革（＝トランスフォーメーション）を実現するには不十分というのが私たちの見解だ。従業員のエンゲージメントを高めるＥＸ、そして洗練されたマネジメントに向けたＭＸという着眼点を加えることで、持続的に企業が進化していくメカニズムを実現できると考えている。

ＣＸとＯＸ以外の視点が抜け落ちていたために、トランスフォーメーションが失敗してしまった例として、ある大手サービス企業の取り組みを挙げよう。

この企業は、「ＣＸを極めることで、顧客に対して新しい価値を提供できる体制を整えたい」という考えから、同社のエンターテインメント施設を訪れる来場者に対してホスピタリティーと満足度を高め、集客および収益の拡大を目指すプロジェクトに取り組んでいた。しかし、実際のマーケティング業務を担当していた広告代理店は、来場者への斬新なアプローチ手法には長けていたものの、現場の従業員に寄り添うというマインドがなく、デジタルを司るための知識や経験も不足していた。

その結果、従業員の負担が増えたことで、逆に顧客体験が損なわれたり、プロジェクトの実行そのものが遅延したりするという事態に陥ってしまった。CXの取り組みだけでなく、EXによる働き方や従業員の意識変革も同時に行わなくては、真の顧客満足の向上には繋がらないはずなのだが、その認識を持ってプロジェクトを進めることができなかったのが原因である。

別の例も紹介したい。あるメーカーは多額の投資を行い、物流拠点の見直しや新たな自動化設備も導入した。OXを洗練することで顧客の様々なニーズに対応できる体制を整えつつ、過剰になりがちな在庫を大幅に削減できると見込んでいた。しかしながら、このメーカーでは販売部門が別会社になっており、縦割りの組織体制であった。このため、製造部門である本社がどんなに柔軟なものづくりの体制を構築しても、販売会社は従来通りの欠品を恐れて在庫を抱える姿勢から脱却できず、期待するほどの成果が出な

図3-1「4X思考」による同時並行での変革

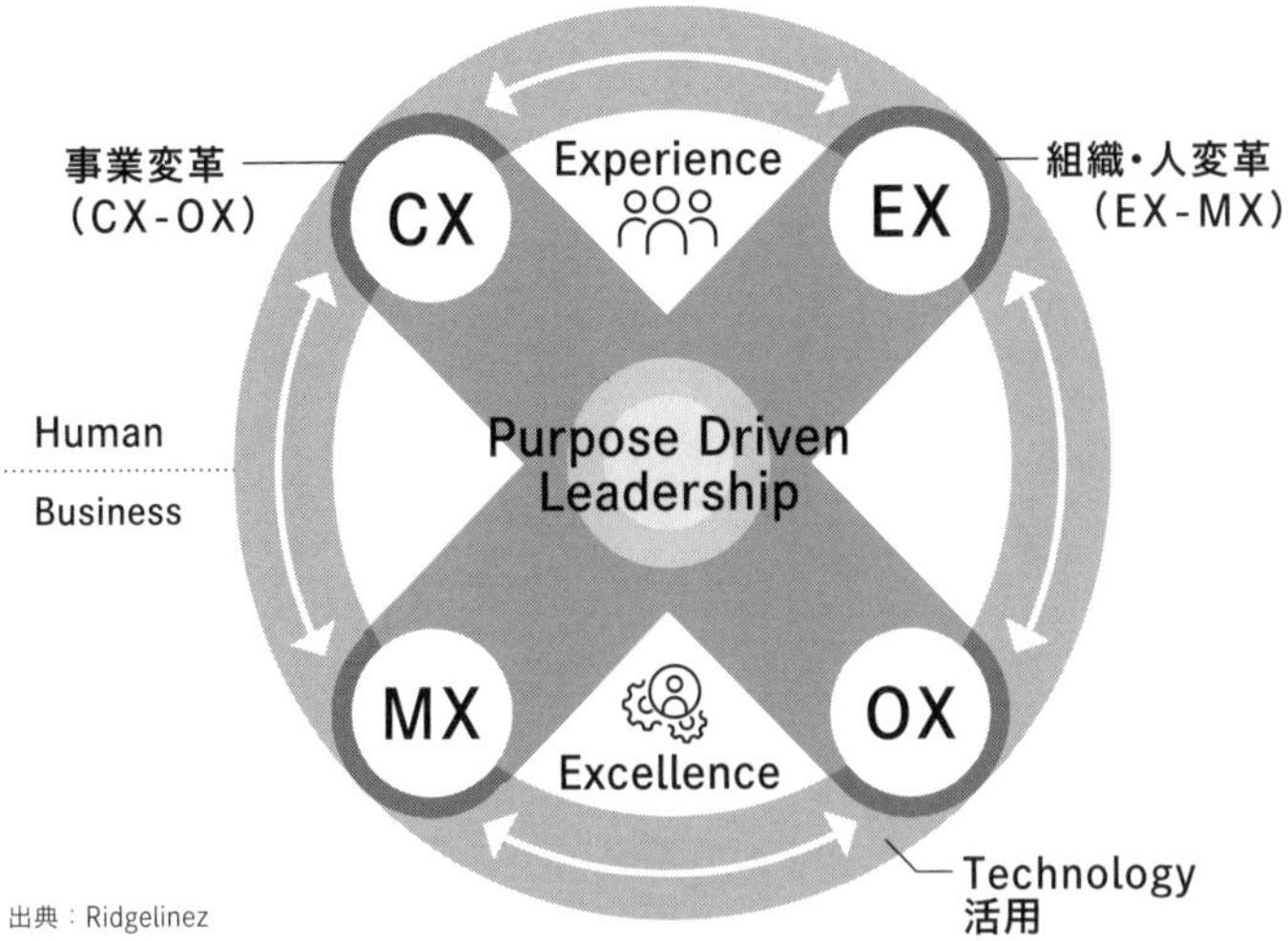

出典：Ridgelinez

かった。

想定される1つの要因としては、顧客・商品を横ぐしにして売上・利益・在庫を見ることができていなかったため、各部門に対して適切な目標設定ができず、これまで通りのやり方を踏襲してしまったことが想定される。つまり、MXが整備されていなかったために、せっかく投資をしたはずのOXの成果がCXに繋がらない、という結果に陥ってしまったのだ。

こうした事態は、変革に取り組む企業の随所に見られる。「変革に取り組んでいて、各部門では手を打っているはずなのに、成果が出ない」と頭を抱える経営トップに対し、「1部門・1部署の変革だけでは、全社のトランスフォーメーションに繋がらない」と答えるだけでは解決の糸口にもならない。企業や組織は生き物であり、一部で問題（病巣）を抱えていると、総体としてベストな状態で機能することができないのだ。だからこそ、変革に取り組む際には、CX、EX、OX、MXの4つの着眼点について、変革のリーダーシップを取る者もしくは部門が、自らの考え方を関係するステークホルダーに明示的に示した上で「1つの変革を実現するために、他のXをどのように変革していくべきか」という思考過程を共有することがポイントになる。現時点でどのXに力を入れているかは、業界や企業の競争ポジション、事業のステージなどによって異なるものの、いずれも欠かすことのできない最低限の要素であることは間違いない。

また、環境が変わるとその優先順位も変化しそれに基づいた対応が求められることになる。そのため、顧客・従業員・社会への提供価値のギャップに常に目配りしながら、これらの4Xの視点で自社を捉え、変革をドライブ、ナビゲートしていくことが重要となる。実際に、企業の変革に向けた取り組みやDXの事例のほとんどは、これらの4つのXに関連付けて説明することができる。

4つのXを同時並行で推進することで変革がドライブする

4つのXについて、もう少し解説していきたい。

Xは2つのレイヤーに分けられる。CXとEXで使われる、人や社会への提供価値としての「eXperience（エクスペリエンス）」と、MXとOXで使われる、ビジネスの質を高める提供価値としての「eXcellence（エクセレンス）」だ。CXとEXは「人」に関連するレイヤーであり、一方のMXとOXはビジネスの「品質」や「利益」を求めるレイヤーであるともいえる。

「人起点」の発想に立ち戻ると、当然望ましいのは、「人」に関連するCXとEXから考えることだ。しかしながら、欧米型資本主義に押されてモノ作りを中心とした経済性を優先せざるを得なかった日本企業においては、これまでMXとOXがスポットライトを浴びやすい傾向にあったと考えられる。

他方で、GAFAMを中心とする世界のプラットフォーマーは、インターネットやスマホを通じて個人にアプローチするデバイスの特性を活かしながら、CXやEXの価値を最初に握り、その世界での価値観を創造し、自らが定義することで主導的地位を築いてきた。それらを更に加速し強固なものにするために、MXやOXに取り組むことで経済的な優位性を築き上げ、更なる急成長を遂げてきたといえないだろうか。

1つの理想形としては、CXとEXを入り口に、MXとOXも同時に考えていくということだが、これらの取り組みはそう簡単に足並みが揃うわけではない。それどころか、二項対立的な関係になることも十分考えられる。

顧客への体験を変革すべくCX領域でデジタルマーケティングの取り組みが進められているが、OX領域でのコストの上昇などによって現場のマネジメントが混乱し、顧客の求めるスピードでサービスを提供できる体制が整わない、などの例は数多く聞かれることだろう。あるいは、従業員満足向上のために、EX領域で働き方改善に取り組んでいるが、MXの変革つまりは目標設定や報酬額の見直しなどまでは踏み込めておらず、個々人のパフォーマンス評価でのメリハリや行動の変化、その結果としての事業成果に結びつかない。

このようなケースは、いずれも取り組みが局所的にとどまっていることが原因だ。苦労の割に価値創出に至らないどころか、時にX同士が牽制・反発し合い、お互いの足を引っ張っているような事態にもなってしまう。各Xを推進する担当としては、出口が見えずに疲弊してしまっているようなことも実際には起きている。

それでもなお、これら4つのXについて同時並行で挑戦し続けることは、次世代への成長へと繋がる持続可能なビジネスの創出において避けて通れない道だ。4Xの実現には、何が必要なのだろうか。それは紛れもなく、俯瞰的な視座から変化を捉え、変革の価値を見極め、具体的な事業機会へと翻訳することができるチェンジリーダーの知的リーダーシップである。組織が大きくなればなるほど、放っておけば変革に向けた全社的な取り組みですら個別最適化され、サイロ化していくものだ。変革の志を持ったチェンジリーダーが明確に方向性を指し示し、変革の現場をリードしていく一人ひとりがその必然性を理解できるように共有し続ける。同時に、異なる4つのXで変革に取り組む他の現場と同期・連携することの重要性を語り、発信する。

これらの継続的な働きかけは必須だ。トップが「人起点」のチェンジリーダーとなり、経営陣だけでなく幹部や社員の意識を1つにまとめ合わせて、組織やカルチャーの変革に一気呵成に取り組むこと。これが企業のトランスフォーメーションを成功に導く「錦の御旗」となる。

4X＋Tで見たことのない景色を共に形にする

企業活動の本質は、「人々の行動変容」によって顧客や従業員への価値を継続的に高め、これらの活動を財務・非財務の諸指標で可視化しながらマネジメントし、経済価値に繋げていくことだ。そしてその過程で、非財務指標も含めて企業活動がどのように社会に貢献しているかを分析・評価し、ゴーイングコンサーンとしてのマネジメントを行うことにある。

4Xを実現していくにあたって例を挙げれば、CXでは顧客の体験を最適化するための顧客接点の統合と可視化、EXでは社内の人材育成・配置に向けたパフォーマンス評価と可視化、MXでは経営者や経営幹部がリアルタイムに企業の状況を把握し意思決定をするためのマネジメントダッシュボード、OXではより創造的で付加価値のある仕事に注力するためにルーティンワークを自動化するなどで、いずれもテクノロジーの活用は必須である。企業活動にとってデータの活用はどのような領域でも不可欠であり、今日の企業変革においてデータとテクノロジー（T）は不可分であるといえる。

そのため、リッジラインズでは、「4X＋Tによる同時並行での変革」によって企業全体のトランスフォーメーションを実現するというコンセプトを掲げている。ＤＸのＤ（デジタル）を司るテクノロジー（Ｔ）は、そのためにこそあるのだ。

変革を実現することは、経営者にとっても従業員にとっても、また多くのステークホルダーにとっても、険しくて急峻な山の稜線を登り抜く過酷な戦いだ。

その戦いに挑むチェンジリーダーに伴走すること。そして変革の完遂によってすべてのステークホルダーが、今までに見たことのない「景色」――それは新たなビジネスモデルであったり、顧客やユーザーがこれまでに経験したことのない価値であったり――をチェンジリーダーと共に形にしていくこと。

これがリッジラインズの「パーパス＝社会的存在意義」だと位置付けている。

次章では、その４つのＸの観点から、具体的なトランスフォーメーションの事例を紹介する。

第4章

ケーススタディⅠ
エクスペリエンスを変革させる「4X思考」

「社員を信頼し、自律性を尊重する」〜EX起点の全社変革(フジトラ)――富士通のケーススタディ

富士通の代表取締役社長に時田が就任してから、「変われない富士通」を変革するために動き始めるまでの経緯は第1章で紹介した。そこではまさに人起点の変革のステップが踏まれており、パーパスの策定から始まり、EX(エンプロイー・エクスペリエンス)の変革として全社員との対話、働き方の行動変容を引き起こす制度改革などを中核としながら、グローバル経営管理モデルへの変革(MX)、「OneFujitsu」を中心としたビジネスオペレーションの標準化(OX)、新たなグローバルソリューションの発表による重点注力分野の明確化(CX)を同時に実行してきている。

「パーパス」という変革の支柱

従来型のIT市場を前提とした事業構造から脱却し、社会課題を解決していく「DX

企業」への変革を掲げた時田は、その説明にあたって対外的な発信だけではなく、従業員に対しても取り組む理由を明白にした。グローバルで12万人の従業員を抱える富士通は、非常に大きな組織だ。1事業部や1部門だけを対象にした小手先の改革では全社に浸透しないと考え、パーパスの策定に着手した。

時田は、「多くの社員が変革という険しい道を進んでいく上で、拠り所となるフィロソフィー（哲学）や精神の基盤が必要になる」と感じていた。これまで脈々と受け継いできたブランドを活かしながら、国内外の顧客や社会から求められ続ける「新しい富士通の姿」とは何か――。

パーパスは、プロジェクトチームを組んであらゆる方向から自社の存在意義を検討し、文言も検討に検討を重ねた上で発表された。

「わたしたちのパーパスは、イノベーションによって社会に信頼をもたらし世界をより持続可能にしていくことです。」

このパーパスの背景にある考えは、どのようなものだったのか。

まず前提となる社会認識としては、世界がより複雑に結びつき、急速に変化する不確実な時代を迎えていることがあった。そして、長年にわたりテクノロジーを通じて顧客に価値を提供してきたグローバル企業として、富士通が社会の変革に主体的に貢献する責任があること。また、不確実な時代において世界の困難な課題を解決するためには、新たな方法で立ち向かう必要があるという認識があった。

その上で、富士通として追求すべき価値創造の在り方が議論された。導き出されたのは、人をデータやモノと結びつけることで人起点の発想に基づくイノベーションを生み出し、人がより創造的に働くことができるようエンパワー（潜在能力を湧き出させる）して顧客の成功を支えていく、というものだった。

更に、この変革を「わたしたちの変革」として社員一人ひとりのすべての行動はパーパスを起点とし、人々や社会が抱える課題の1つひとつを自分事として丁寧に捉えながら、皆で協力しつつスピード感を持って「具体的な解決策」を提供すること。この不確実な時代にあって世界をより持続可能にしていくために、信頼の構築が不可欠であり、そのような社会を築くには創造性を発揮してイノベーションを目指していく、とした。

また、パーパスを実現するための能力育成についても検討がなされた。公正と平等を重んじ、ダイバーシティ&インクルージョンを推進することや、一人ひとりが自由に、最大限に可能性を発揮できる環境を作ることで、社会から必要とされる技術や能力を高め続けていく、と定めたのだ。

無関心な社員へ響いたトップファーストによる〝パーパスカービング〟

富士通がユニークなのは、単にパーパスを策定することに終わらせず、それを従業員の対話の中に組み込み、実践し、理解させ、腹落ちさせるプログラムを実施していることだ。

パーパス策定は全社変革の拠り所になるはずであり、従業員が「何か新しいビジョンが決まったらしい」というような他人事の感覚では全く意味を成さない。

〝パーパスカービング〟と呼ばれるこのプログラムは、企業のパーパスと自身のパーパスの重なり合いを意識し、仕事を通じて自身の強みを発揮しながら、パーパスの実現に向けて一人ひとりが行動できるようになることを目指すものだ。個人のパーパスをカー

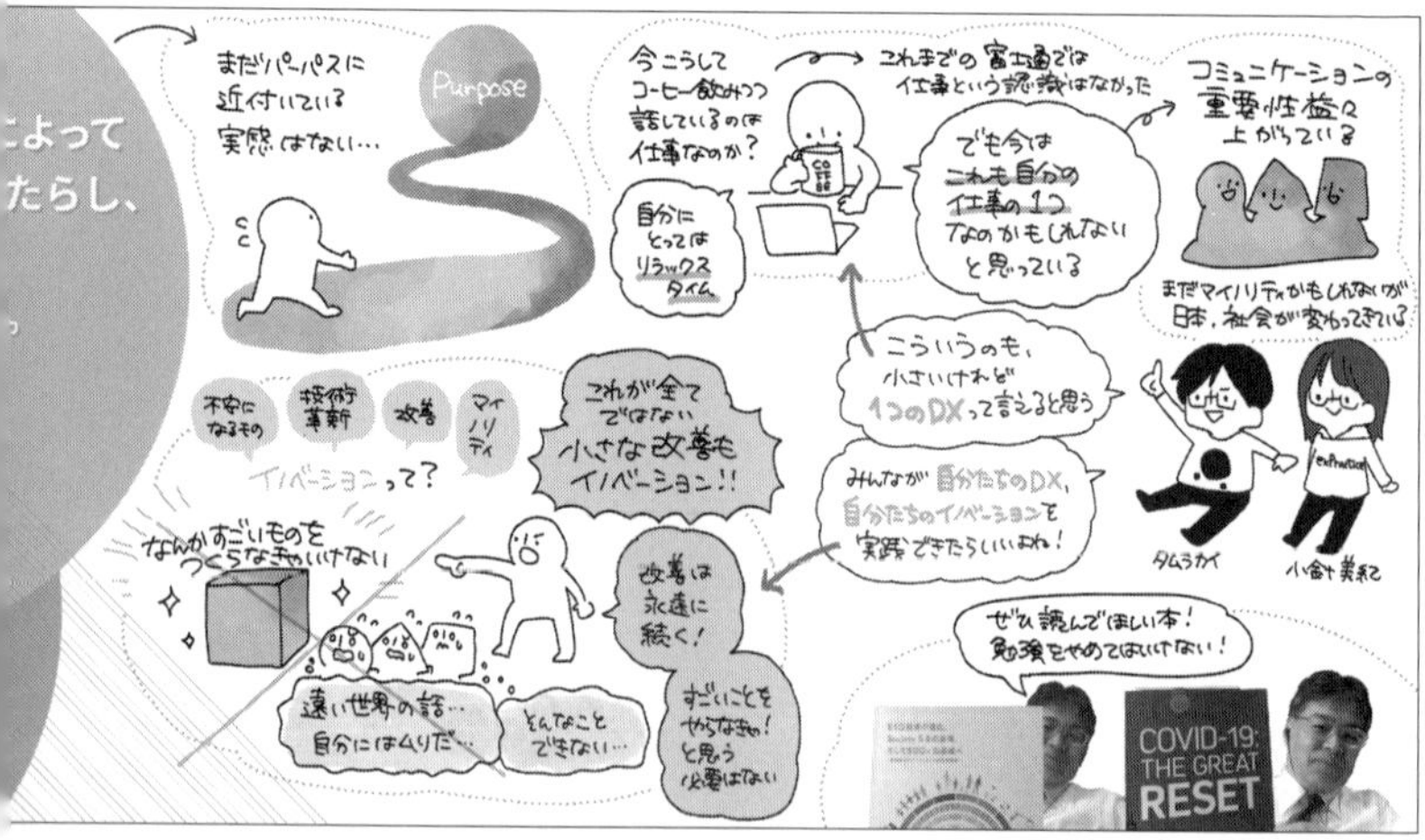

ビング＝彫りだして、言葉にして共有する対話型のプログラムである。

従業員がそれぞれ歩んできた道のりや、仕事において大切にしている価値観などを振り返るとともに、未来に向けて想いを馳せながら、富士通のパーパス実現に向けて「自分は何をすれば貢献できるのか」を自問し、個人のパーパスと会社・他者のパーパスを掛け合わせて、行動を変えていく。そしてその変容を、変革への険しい道のりを推進する原動力とすることを意図している。

これを、時田を筆頭にトップファーストで12万人の従業員へと展開してい

図4-1 時田のパーパスカービングのグラフィックレコーディング

出典：富士通

ることが、更なる変革を起こすインパクトを生んでいる。

「トップファーストのパーパスカービングを目の当たりにして、これまで変革の必要性を感じていたが行動を起こすことに躊躇し苦しんでいたリーダーたちの目に火がついた」と、CDXOの福田は述べている。

EX：行動変容を期待する自律と信頼をベースとした人材マネジメント改革

全社変革の中核に置かれたのは「人材マネジメントの変革」だ。背景にあ

図4-2　人材マネジメントのフルモデルチェンジ

事業戦略に基づいた組織デザイン

1. 事業戦略に基づいた組織、ポジションのデザインへの見直し
2. 責任権限・人材要件の明確化（ロールプロファイル／ジョブディスクリプション）

チャレンジを後押しするジョブ型報酬制度

1. 職責ベースの報酬体系
2. 高度専門職系人材処遇制度
3. 評価制度見直し

事業部門起点の人材リソースマネジメント

1. 人員計画の見直し
2. ポストオフやダウングレードの実施
3. ポスティングの大幅拡大

自律的な学び／成長の支援

1. 人材育成方針の見直し（オンデマンド型教育の導入）
2. 1on1ミーティングの推進

出典：富士通

ったのは、「人事を根本から変えないと富士通は変わらない」という時田の強い想いだ。これまでの「請け負いビジネス」が中心だった組織行動から、自らが課題を設定して解決していくことで始まる「イシュードリブンの課題解決への変革」。このような事業構造の変革に向けて、従業員もこれまで会社が設計していたキャリアの枠組みに〝受け身〟で乗っかるのではなく、自律的にキャリアを描いて成長していく人材になってもらうよう、同時並行で変革していかなければならないと考えたのだ。

新型コロナ感染症の流行前から人材

マネジメント・働き方改革の準備に着手していた富士通は、その変革を怒涛のスピードで展開していく。まずは人材マネジメントの変革として、従来の年功序列に基づいた「人材ありきの組織設計」から、グローバル戦略をベースとした、「あるべき組織設計」に転換し、その組織におけるポジションの責任権限・人材要件を明確にした。

そして人事制度をジョブ型にすることによって、〝適所〟に〝適材〟が自律的にチャレンジすることを促そうとした。そのチャレンジを促進する仕組みとして「ポスティング制度」を大幅に拡大し、自律的に学びを極めた人材が成長を求めて一歩上のポジションにチャレンジできる仕組みを導入した。

同時に、その変革にキャッチアップできずにポジションの要件を満たせない場合にはポストオフもあり得るという、日本企業の従来感覚では厳しいとも取れる人材マネジメントに移行したのである。

富士通では2020年からポスティング制度を活用し、既に1万5000人以上が応募しており、そのうち5000人以上が実際に異動を実現し、新しいジョブにチャレンジしている。

会社側から一方的に提供されていた年次一律型の研修も廃止して、オンデマンド型教

図4-3 ワークライフシフトの3つのカテゴリー

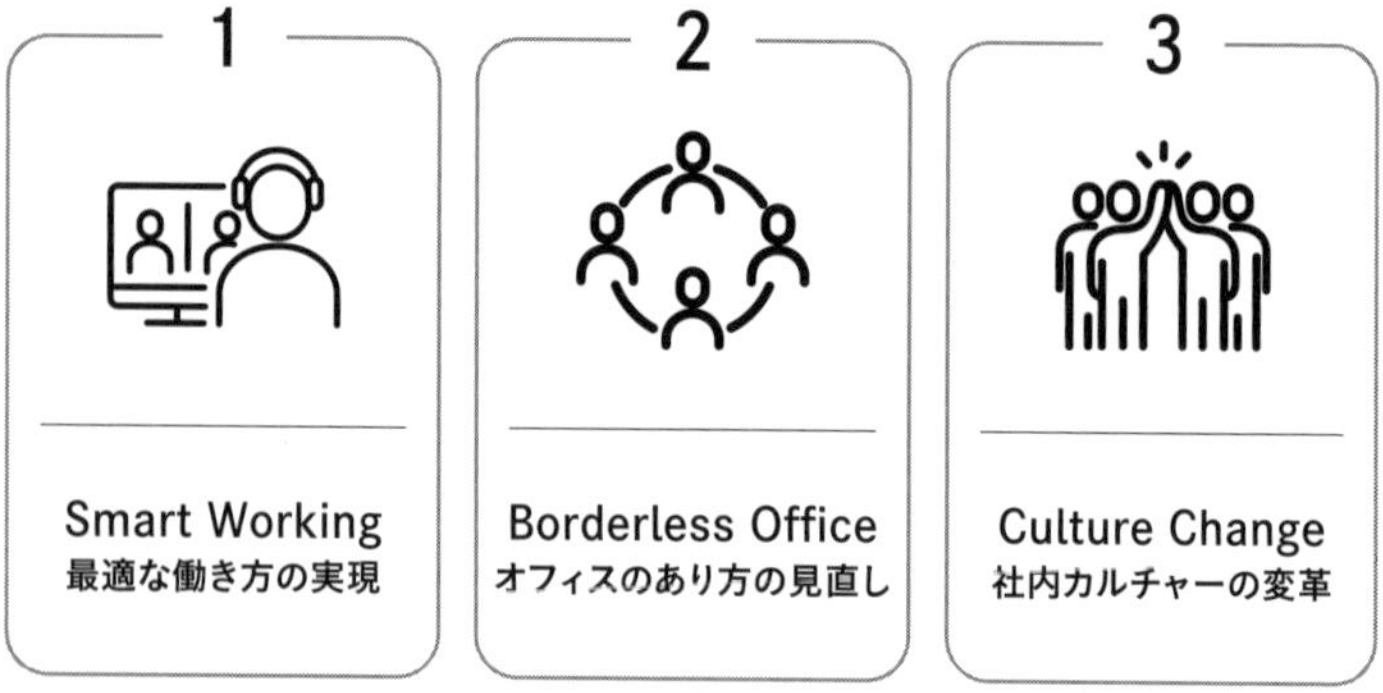

出典：富士通

育と、それをフォローアップする1on1（マンツーマン）を中心としたコーチング型へと、育成の方法も変更した。一方で働き方については、仕事と生活をトータルに見直し、社員のウェルビーイングの実現に向けて舵《かじ》を切った。

DX企業の働く場として「あるべき姿」を想定し、リアルとバーチャルで多様な人材がイノベーションを創出できる場を描き、〝ワークライフシフト〟というコンセプトで様々な施策を展開した（図4－3参照）。

このように全社変革に先駆けて、まずはパーパスを起点としてそこで働く人が自律的に成長し、かつ柔軟な働き方を実現できる変革を実施。この後で続く、改革の本丸ともいえる事業構造改革を支える基盤としたのである。

MX-OX：グローバル経営管理への変革を目指したマネジメント＆オペレーショナル・エクセレンスの追求

「フジトラ」以前の富士通は、事業展開こそグローバルだったものの、経営管理としては各事業部門、地域、グループ会社で分かれている「個別事業の集合体」に過ぎなかった。

また、自社製品の製造、販売、保守という製造業のビジネスモデル中心の事業運営からも脱却できてはいなかった。高度経済成長期のように拠点内で事業運営が完結されていればそれほどの問題にはならないが、事業環境がリアルタイムに近い形で変化し、地政学リスクも増える現代では、グローバルでの経営資源の最適配分が事業の勝敗に大きく関わってくる。

つまり、従来のような積み上げ型の全社戦略では対応しきれなくなっていたのである。富士通グループには全体で2000以上もの業務システムが存在していた。1つの業務に対して似たようなシステムが複数ある場合もあり、ケース・バイ・ケースで使い分けている状態だった。

更に、システムごとに違う形式でデータを保管することも多く、そのデータを手作業でかき集めて経営判断の指標となる数字を集計していた。欲しいデータをすぐに集められないため、グローバルでの経営判断スピードは遅くなり、競争力に大きな影響を与えかねない懸念があった。

「(入社前に感じたこととして) 富士通のグローバルでの経営管理としての数字の見方はドンブリ勘定で、海外を含めたグループ会社のガバナンスもほとんどきいていないように見えた」と福田は述べている。

そのような状況下で、富士通はマネジメント&オペレーションモデルの転換を推進することになる。それが「OneFujitsu」だ。

そのプログラムとは、

① 合理的・迅速な意思決定を支えるリアルタイムマネジメント
② 経営資源のエンドトゥエンドでのデータ化・可視化
③ グローバルでのビジネスオペレーションの標準化

の3つを柱としている。

これらをITの活用によって実現し、オペレーションとしては業務の効率化や自動化を追求することで従業員は付加価値の高い業務へシフトすることができる。

分析データなどが欲しいという経営側からのリクエストに対応すべく、いくつもの部門で散在しているバラバラの形式のデータを、エクセルのバケツリレーをしながら何週間もかけてアウトプットする――。日本の大企業でよく見られるこのような現象は、同じシステムとプロセス・フォーマットでデータを整備するというシンプルな方法で解決できる。

そして、マネジメント側はデータドリブン経営を実現することで、事業環境の急変などに即応し、戦略策定に集中できるようになる。単なる働き方改革に繋がる以上に、データをベースにしたリアルタイムでの経営判断、注力事業拡大に向けたポートフォリオマネジメント、具体的なアクションの変更などに連動するダイナミックなKPI（Key Performance Indicator）管理などによって、全社戦略を起点とするワンストップのグローバル経営が実現できるのである。

CX：他の変革が実を結ぶ～新たな事業ブランド"Fujitsu Uvance"としての事業モデル変革

2021年に富士通は新たな事業ブランドとして、サステナブル（持続可能）な世界の実現に向け、社会課題の解決にフォーカスしたビジネスを推進する「Fujitsu Uvance（フジツウ ユーバンス）」を立ち上げた。30年の社会を想定し、そこからバックキャスト（逆算）して社会課題の解決に必要な7つの重点注力分野を定めた。事業の大きな変革の柱としては2つある。

① 請負型で「御用聞き」とも揶揄《やゆ》される待ちの姿勢から、顧客が直面する社会課題を富士通が見定め、解決策を共に探っていく課題設定型にビジネスを変えていくこと

② 自社製品の製造・販売・保守をベースとした製造業としてのビジネスモデルから、イシュードリブンでのオファリング型の価値提供サービス中心のビジネスモデルに変え、業種・機能割りの事業構造を社会課題別のオファリング（製品・サービス）として整理・統合していくこと

しかしながら、「変革としてはまだ道半ば」と福田が気を引き締めるように、事業モ

図4-4 社会課題の解決に必要な7つの重点注力分野

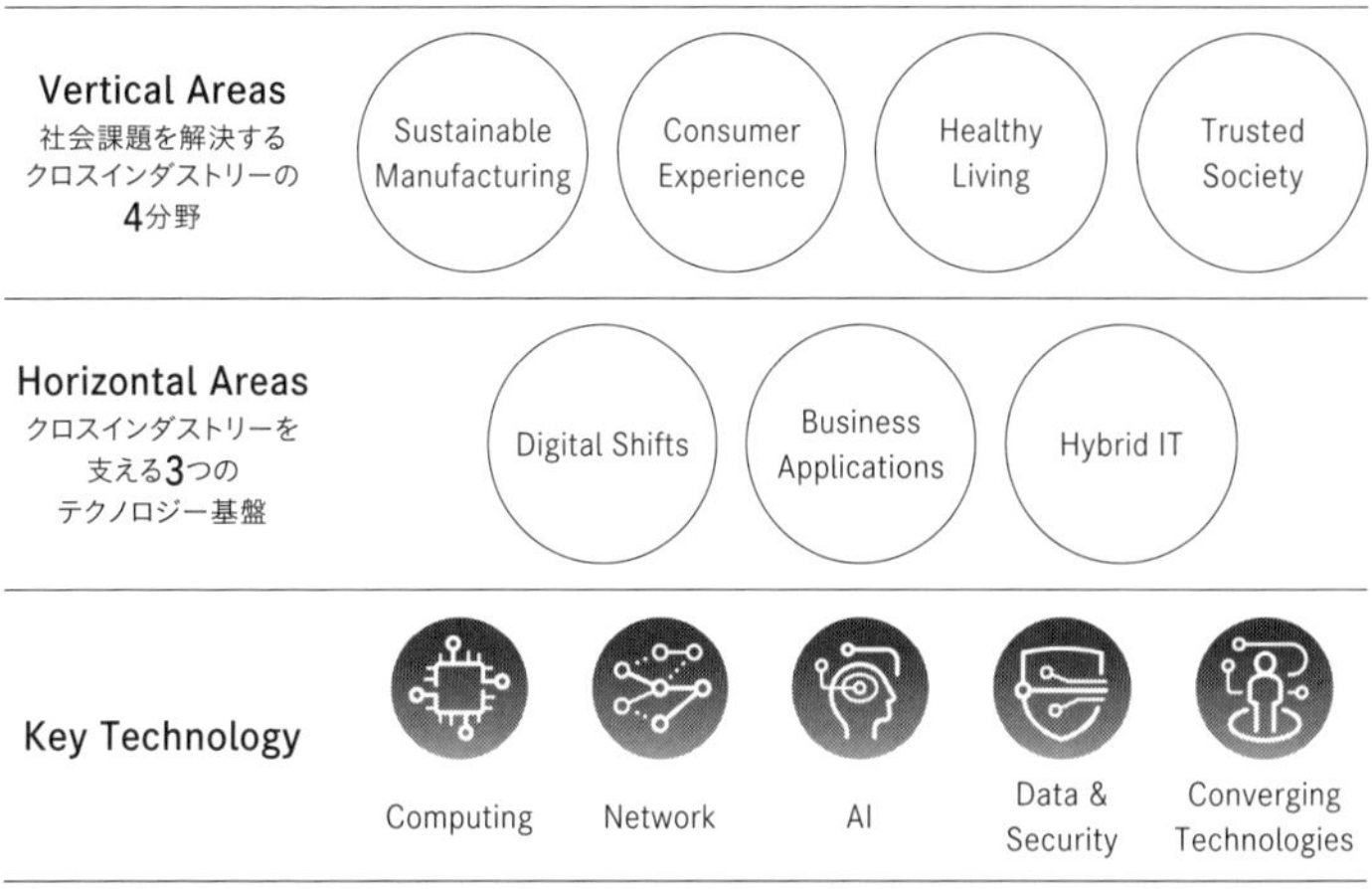

出典：富士通

デルを変革していくことは一朝一夕ではできない。

特に請負型で顧客の要件を満たしていくというモデルから、社会課題の解決に繋がるような課題設定をし、提案活動を行い、プロトタイプの実装など、顧客と共にトライアルを実施しながら解決していくイシュードリブンでの事業モデルへの変革には、課題を構造化する能力や解決に向けた仮説を構想する能力などの新たな能力の強化・育成が必要となる。

更に、これらの能力を駆使して顧客と対話をしながら共創型の事業を進めていくためには、パーパスを軸とした従業員の意識と行動変容が極めて重要となる。4X思考で解説したような、事業変革と同時に全社のカルチャー変革を進めるプログラム・マネジメントが必要となるのである。

パーパス実現に向けた変革に熱意のある現場が行動できる場〝フジトラ〟

デジタルテクノロジー（T）を手段として活用しながら進められる富士通の4Xだが、その全社的な推進のためには変革の士となるチェンジリーダーたちの存在が欠かせない。パーパスに共感したチェンジリーダーたちがその熱意を実践に移して、行動していく。それを周りの従業員などが見て、想いを共にしたメンバーとして加わっていく。それがフジトラの真の姿である。

フジトラでは様々な施策を展開しているが、我々から見た変革のポイントは次の3つにある。

① 行動変容を導出するステートメント
② 既存事業と新規事業の〝両利き〟を明示

③ 顧客・従業員の声をダイレクトに意思決定に活かす

①行動変容を導出するステートメント

トップファーストでのパーパスカービングの実施については既に述べた通りで、個人それぞれのパーパスを削り出し、共有し、対話していく。そして、実際にそのパーパスの重なり合いを理解・共有しながら、どのような行動が全社DXを推進する上で奨励されるのかを定めているのが、フジトラ・ステートメントである。

このステートメントは、課題設定型で顧客と共にトライアンドエラーをしながら解を見つけていくという、富士通として「目指したい行動に必要な要素」にもなっている。ステートメントとは「声明」「宣言」と訳されるが、単なる掛け声ではなく、グループの全社員が行動を起こしていくための会社としての指針であり、そのように変革していくというトップの強い意志を示すものである。

そのため、これまでの富士通の常識とは大きく異なることもある。例えば、ステートメントの1つに「ともかくやってみよう」を掲げているが、これは目的のためには失敗を厭わず挑戦する、という行動を推奨するものだ。とはいえ、お客様の重要なシステム

図4-5　フジトラ・ステートメント

出典：富士通

の開発を行う開発現場では、失敗した際のお客様や社会に与える影響が多大であり、重大な責任を負っていることからその重圧は大きく、失敗を厭わず挑戦するということに対する抵抗は大きい。

この「ともかくやってみよう」は、実は第8代社長小林大祐の言葉でもあるが、現場としてはその精神を行動まで落とし込むことは容易ではなかったに違いない。しかし、DX企業を標榜する富士通として、失敗を恐れず現状維持をすることは許されない。リスクを認識した上で挑戦するような企業文化に変えていくことが必要だと判断し、ステートメントにも織り込んでいった。このようにこれまでの常識から脱却し、カルチャーや行動様式を変えていくべく、「パーパスを胸に」をはじめとするステートメントを全社変革のベースとしている。

②既存事業と新規事業の〝両利き〟を明示

フジトラでは新規事業の探索と既存事業の深化という、いわゆる「両利きの経営」を実践すべく、それぞれに従事しているメンバーを尊重し、創造性の発揮から効率化や成長、そして価値創造への道筋をわかりやすく示している。

一般的にDXの取り組みにあたっては、ビジネスモデルの変革や事業創造といった新たな事業を探索するための取り組みと、効率化や合理化といった既存事業の変革に向けて深化させる取り組み、それぞれが挙げられる。富士通にとっても探索と深化、両方が大切であり、双方が連携して相乗効果が生み出される段階まで引き上げていくことを目指している。

探索、つまり事業創出のグロース領域においては、これまで社外とのオープンイノベーションの取り組みとして革新的なスタートアップの技術・製品と富士通グループの製品・ソリューション・サービスを組み合わせ、世の中へ新たな価値を提供することを狙いとした富士通アクセラレータープログラムを推進、更には社内発の新規事業創出を促進させるために新たに「Fujitsu Innovation Circuit」（FIC）というプログラムもスタートさせた。

一方で、既存事業の深化であるスタビリティ領域においては、前述のような業務標準化やデータドリブンへの変革などを各部門で推進している最中である。探索と深化の両輪が回っている状態を目指しているが、実務レベルではまだまだ分断されているというのが実態だ。例えば、既存事業部門において新たな領域に取り組む際にFICのプログラムはもっと活用できるはずだが、現場にそのような意識を醸成するには至っておらず、「FIC＝全く新しいビジネスを考える特別な人たちのためのプログラム」と理解されている部分もある。これらの概念やプロセスの説明をするだけでは正しく理解してもらうことは難しく、実際に体験し、行動し、実践する機会を増やしていくほかないというのが結論だ。

③顧客・従業員の声をダイレクトに意思決定に活かす

フジトラの一貫として「VOICE（ボイス）」というプログラムを実施している。福田の推薦もあり、社内の声を拾うにはよい仕組みとしてネーミングをして社内での実践を開始した。その狙いは、従業員の声を多く集めて業務データと組み合わせることで、その事象が起きた背景・理由を正しく理解し、自社の課題・要因の判断や、変化の予測を常に行い、行動し続けることを企図している。

これまでも様々な社内サーベイは実施してきたが、ともすると報告のための高度な分析に躍起になる傾向があり、報告後には息切れしてしまうようなことが多かった。それを、デジタルツールを活用することで配信・分析業務の負荷を低減し、設計時の仮説構築と、結果を単なる報告で終わらせずに〝対話〟に活かす仕組みへと昇華させた。

フジトラに関連する様々なテーマ、例えばエンゲージメントサーベイや人事施策の評価、社内ITの健康診断などの調査を実施して、各事業の戦略立案やサービス提供の深化に活用している。ポイントとしては、サーベイを単なるヒアリングに終わらせず、経営陣と従業員との直接の対話の場であるタウンホールミーティングや1on1を通じて〝アクション〟に繋げていることであり、4Xを推進する上でのバロメーターとなっているのである。これを社内実践ノウハウ、プロセス構築、サーベイ・分析テンプレートを社外向けにパッケージ化して展開している。

福田をはじめとするフジトラのチームは、あたかもフライトに乗った乗客がタラップを下りた後に、そのフライトの満足度をフィードバックするかのように、これらのサーベイを活用することで従業員が従事しているプロジェクトのリスクを事前に検知し、クライアントへのサービスをプロダクトローンチからリアルタイムで認識する。そうすることで、他社を圧倒するスピード感を持った品質向上に取り組むことなども構想している。

チェンジリーダーたちが「経営変革への本気度」を示し、その実現に向けて挑戦していくことで多くの従業員の共感を集めていく。そして、更に経営を良くするために従業員の参加意識を高めていく。この変化の証左として捉えられるのがフジトラ内にある社内SNSのフォロワー数の推移とオンライン発のコミュニティ数だ。実に全従業員の8割近くがアクティブユーザーであり、1万以上のコミュニティが形成されているという、日本企業としては類を見ない規模でのデジタルコミュニケーションが日々、交わされている。

「12万人いる富士通は（すぐ大きく変わるには）母体が大きすぎる」と社長の時田が危

機感を覚えた富士通社員の意識は、全社改革の浸透によって今や大きく変わりつつある。フジトラに取り組む前の2019年度は、社員のエンゲージメントスコアが63にとどまっていた。だがフジトラ開始から2年目となった21年度の同スコアは67に上昇し、今後に向けてテクノロジー業界のグローバル平均値である75を目指している。

富士通グループの業績も堅実な成長への道筋が見え始めている。新型コロナ流行のぶり返しなどもあった22年3月期の連結売上高は約3兆5870億円で、本業の儲けを示す同営業利益は2192億円だった。23年3月期は、ロシアのウクライナ侵攻や資源高の影響があったにもかかわらず、連結売上高は3兆7500億円に、同営業利益は3750億円を見込み、売上高利益率は宿願だった10%への到達を視野に入れるまでになっている（すべて23年1月末時点の情報）。

富士通の4Xの変革にはまだまだ終わりがないが、単発の変革に終わることなく、4Xを同時に推進することによって、従業員が変革を対岸の火事とせず、自分事化して、その状態自体がノーマルに、即ち常に変革していることが当たり前の文化に変わりつつあるのは、大きな成果といえるのではないだろうか。

CX起点の全社トランスフォーメーション
――オルビスのケーススタディ

富士通の事例ではEXを起点として全社のトランスフォーメーション（変革）を目指す姿を紹介したが、変革の頂へはEX以外のルートから登り始めることも可能だ。

その一例が、リッジラインズおよび富士通グループで変革を支援しているポーラ・オルビスホールディングスのグループ企業で、スキンケアを中心としたビューティーブランドであるオルビスによる、CXを起点とした全社トランスフォーメーションだ。

ここでは、2018年1月にオルビスの社長に就任した小林琢磨氏がパーパスドリブンのリーダーシップによるリブランディング、CXを起点にした事業変革や組織変革を同時に実行し、ヒット商品を連発して進化を続けている変革事例についてご紹介したい。

オルビスは1987年の創業から「誠実であり、本質的な価値を追求する」ことを経営理念に掲げてきた。バブル経済の中で化粧品業界が華美なトレンドを追う中、人が本来持っている力を引き出すことをコンセプトに、ナチュラルでシンプルな化粧品を通信販売で個人客向けに販売してきた。インターネットが普及してからも、カタログ販売に加えて早期にネット通販を展開し、化粧品を各家庭に届けてきた。

当初はこのビジネスモデルが受け入れられてきたが、事業規模が拡大していき売上高が500億円前後になった2000年代の中頃から、提供価値が曖昧になり、既存客向けのキャンペーンによって売上高を確保することに注力するようになった。

その一方で市場には、より自然派志向を強めたオーガニック系ブランドや、他のD2C（Direct to Consumer）型ブランドなどが続々と登場し始めていた。そのためオルビスの市場でのプレゼンスが相対的に低下し、利益率も伸び悩むようになった。

パーパスを見定め、トップダウンでリブランディングを推進

2007～11年度に売上が低迷していったことを受けて、オルビスは12年頃からリブランディングによる企業変革を模索し始めた。「ブランド戦略室」を設置して新商品を開発したり、サービス手法を変えたりと、ブランドの再構築を試みた。しかし、そうした動きは既存の顧客からは反応が良くても、新しい顧客を掘り起こすまでには至らなかった。「新規顧客の開拓はできなかったが、売れたからいいのではないか」といった守

りの姿勢に陥り、当初狙ったリブランディングの姿からはかけ離れていく状況が続いていた。

これを打破する大きな転機となったのが、若きチェンジリーダーの登場だ。18年にオルビスの社長に就任した小林琢磨氏による、トランスフォーメーションへの強い意志が大きく働いた。当時40歳だった小林社長は変革の遂行にあたり、オルビス創業時の理念にまでさかのぼって企業のパーパスを見つめ直し、その上に新しいカルチャーをつくり上げていくことに挑戦した。

小林社長は02年にポーラ化粧品本舗（現・ポーラ）に入社。08年にはポーラ・オルビスグループで敏感肌向けの新ブランド「DECENCIA」（ディセンシア）という社内ベンチャーの立ち上げメンバーとなり、社長として同ブランドを50億円規模のビジネスに育てた。その後、17年にオルビスマーケティング担当取締役となり、18年にオルビス代表取締役社長となった。

小林社長は当時のオルビス社内の状況を「ネットへの対応はできていたものの、様々なキャンペーンを打つことで売上の確保を粛々とこなす組織になっていた」と振り返る。「どんなキャンペーンを実行すれば売上がアップするか」といった〝成功の法則〟は情報として蓄積されていた。だが、競合するブランドが増え続け、販売方法もネットによって多様化していく中で、オルビスブランドの位置付けやその明確な打ち出し方、そして顧客がオルビスに求めている価値などは見えなくなっていった。

リブランディングの苦悩と決断

小林社長は就任当初から組織改革とリブランディングの必要性を訴え、主力商品のリニューアルなどを矢継ぎ早に着手しようとしていた。しかし社内からは「壊す人」「過去を否定して自分の役職を奪う人」とみなされ、スタートから大きな壁にぶつかった。組織内で何が起きているかという情報の入手や、キーパーソンへのアプローチが難しくなり、社内の状況が把握できなくなっていったという。更に社内調査をすると、従業員エンゲージメントスコアが急落しているなどの課題が明らかになった。

そこで小林社長は、社内でのコミュニケーションに力を入れ始めた。特に注力したのは、変革が必要な理由を理解してもらうことだ。会社の経営状態を説明するため、過去10年分の損益計算書や業績の推移を基に、「何が業績を押し上げているか」「何が足を引っ張っているか」などを小林社長自身が自分の言葉で説明しながら入社1年目の社員から幹部クラスまで階層別に研修を開催していった。

社員全員がオルビスのこれまでを冷静に振り返り、これからの10年、20年を考えて、議論していくためのベースを整え、「未来志向」と「オープンマインド」を呼びかけて将来の話を自由闊達にできる雰囲気を整えていったのだ。

その一環として小林社長は、従業員らに「自分たちは何屋なのか」と問いかけることを始めた。すると「通販の会社」「オイルカットの化粧品屋」など各自バラバラな答えが返ってきた。

このように自社の事業ドメイン認識があやふやになり、従業員がそれぞれ違うイメージを持つに至った背景には、オルビスの成り立ちからの経緯がある。

オルビスが通信販売を始めたのは1987年。通信販売そのものが大きな潮流になっていなかった当時に、1商品からでも「送料無料」で配送したほか、まだ珍しかったフリーダイヤルで申し込みできるようにし、商品を使った後でも肌に合わなければ返品・交換を受け付け、その返送料も自社で負担するなどの画期的な仕組みを導入した。また同社はインターネット活用も極めて早く、直営店の展開を始めた2000年より一足早い1999年には自社のECサイトを立ち上げ、電話やファクスによる注文受付から切り替えた先駆者でもある。

そうした創業時の変革やチャレンジ精神をベースに考え出してきた製品特性や販売手法が、事業規模の成長とともに、いつしか目の前の売上を追うことに偏ったオペレーショナルなものになっていき、創業当時の経営理念や提供価値は薄れていった。結果として、従業員は会社のあるべき姿について個々に別々の想いを抱くようになっていたのだ。

「オルビスは何のために社会に存在するのか」というパーパスを社員が改めて認識することは、顧客価値を改めて捉え直し、そのパーパスを中心にトランスフォーメーションを進めていく上での礎となる。オルビスが新しく打ち立てたパーパスは、同社のミッションである「ひとりひとりが持つ美しさが、多様に表現されるここちよい社会へ。」や、ビジョンである「常識にとらわれない視点から、日常文化を美しく創造しつづける。」をベースとして、「スマートエイジング®」という提供価値を軸に定められた。

「人が本来持つ力を引き出して、ひとりひとりが持つ美しさが多様に表現されるここちよい社会へ」

加齢に伴う不調に対処するアンチエイジングではなく、化粧品ブランドとしてビューティの多様性と可能性を信じ、一人ひとりが本来持っている、その人なりの多様な美しさを最大限に引き出す「スマートエイジング®」を追求すること。これが自分らしく、ここちよい年齢の重ね方をサポートすることに繋がる、という思想によるものだ。このパーパスには、「それぞれが自分らしく年齢を重ねればいいはず。若く見られることを誰かに強要される時代ではない。化粧品会社もそういう価値に変えていかなければならない」という小林社長の想いが反映されている。

人によって異なるビューティの価値基準に合わせて、どのように美容を届けられるかを考えること。それはオルビスという会社が、ユーザーだけでなく、社会にどう貢献できるかを考えるパーパスの起点となった。

CXを起点とした変革
――2029年を見据えた次なるオルビスへの挑戦

小林社長はポーラ・オルビスグループが創業100周年を迎える2029年を見据え、若手社員を中心に構成した「2029プロジェクト」を立ち上げた。まずは若手社員が「10年後にはこんなことが実現できるはず」という自社の「ありたい姿」を描き、その未来図を目指して顧客ファーストでの体験価値を高めるための施策を考えていくことにしたのだ。

2029年プロジェクトを通じて生み出した成果の1つが、新規事業として開発し、21年4月に市場へ投入したパーソナライズスキンケアサービス「cocktail graphy（カクテルグラフィー）」だ。リッジラインズが企画段階の初期から参画し、顧客体験価値を高めるための「CX」を起点としながら、新たな事業モデルの形成を通じて全社変革への起爆剤ともなり得るサービスだ。

人の肌の状態は、個人によって全く特性が異なる。また同じ人であっても体調に左右され、日や時間帯によって変わることも多い。そんな個々人の肌に合わせたスキンケア商品が、10年後には当たり前のように使われるのではないか――。このような発想からカクテルグラフィーの企画は始まった。デジタルデバイスを活用して個人の肌質にパーソナライズされた美容液2本と保湿液1本が毎月ユーザーの自宅に届く、定期販売モデルサービスだ。スキンケア商品を必要に応じて都度買うという伝統的なプロダクトビジネスからの脱皮を狙っている。

コンセプトは明快だが、問題は実施方法だった。個々人の肌質の測定にテクノロジーを活用するといっても、どのようにユーザーにアプローチして、肌の状態を測定するのか。化粧品メーカーの美容部員でも専門家でもないユーザーが、自分自身で肌の状態を計測するのは難しい。

この難問に対するソリューションとして、オルビスはリッジラインズや富士通のグループ企業の協力を受けて、小型のＩｏＴデジタルデバイス「スキンミラー」を開発した。顔に約5秒間当てるだけで肌の状態を測定できるデバイスで、オルビス独自の肌解析理論を基に、肌の画像をＡＩによって解析できる技術が実装されている。

撮影した肌画像や解析結果は、専用アプリに自動連携され、「うるおい」「なめらかさ」「バリア機能」「ハリ・弾力」「透明度」といった5つの基準によって肌の状態を表示するほか、「あなたの肌へのアドバイス」を自動的に表示できる仕組みになっている。

これらの測定データに加えて、ユーザーが暮らしている地域の天候データや、個別で入力した肌の悩み、また食事や運動量などの生活習慣データも織り交ぜながら、総合的にユーザー個人の肌に合う「2本の美容液と1本の保湿液」を、数百通りの組み合わせから選び出して、自宅に毎月届ける。スキンミラーが解析した客観的な肌のデータを、主観的な自分の肌の好みと掛け合わせること。そして自分なりのスキンケアを楽しんでもらうこと。そうした習慣を通じて、自分の肌と向き合ってもらうサービスにしたいと考えたのだ。

オルビス初のパーソナライズスキンケアサービスであるカクテルグラフィーは、パーソナライズ市場の黎明期に対してのチャレンジでもあった。この取り組みは創業以来の「肌が本来持つ力を信じて、引き出すこと」を変わらぬ信念としながら、積極的に新規事業に取り組み本製品の上市に至ったという会社の仕組みと、画期的な事業およびサービスのデザインが高く評価され、2021年のグッドデザイン賞を受賞している。

こうした挑戦はユーザーからのフィードバックによってサービス内容をアップグレードしていくだけではなく、その分析などを通じた知見を貯めていくことで先行者優位を築いていくこともできる。そのチャレンジは始まったばかりである。

図4-6 cocktail graphyのサービス概要

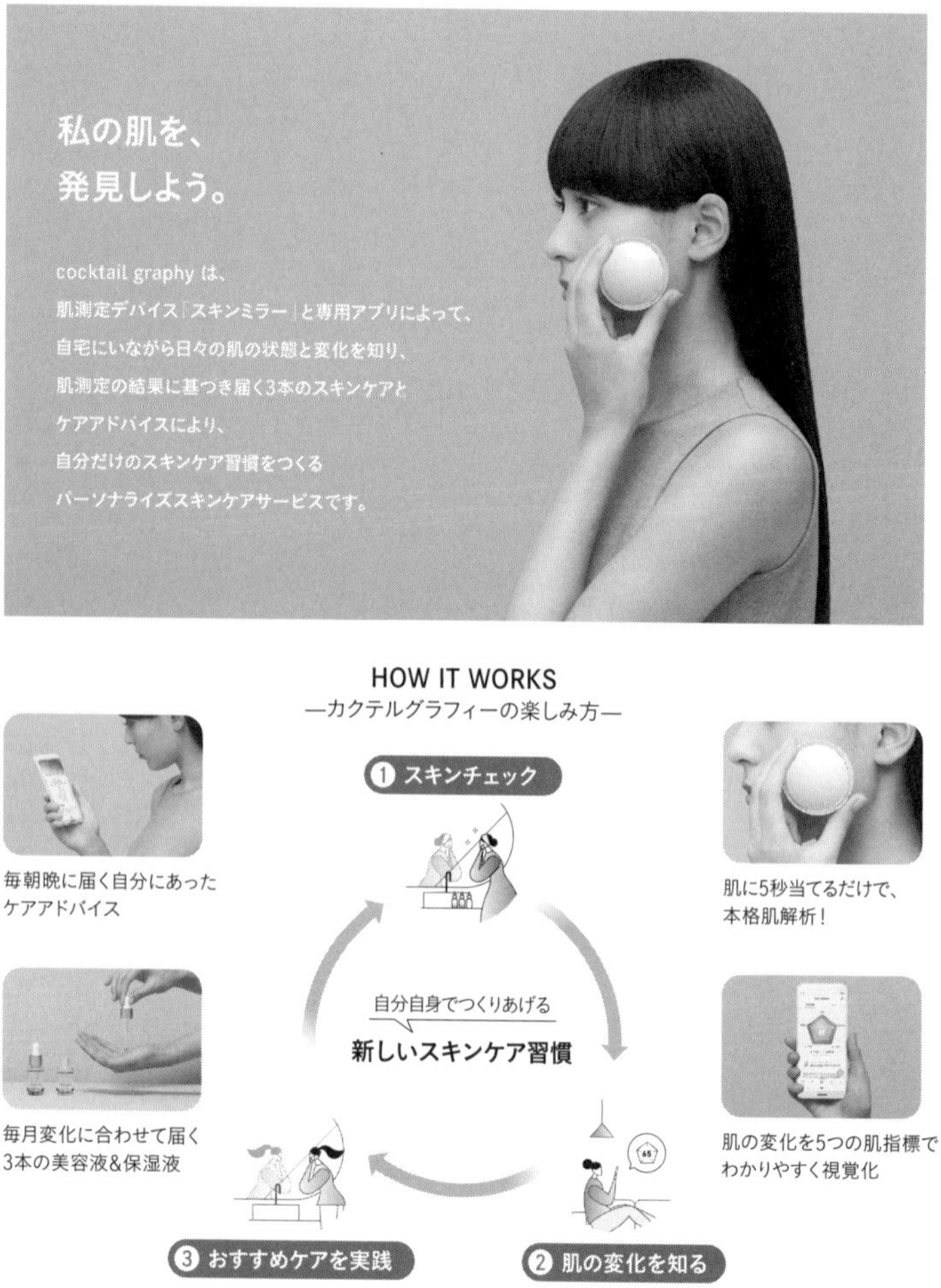

私の肌を、
発見しよう。
cocktail graphy は、
肌測定デバイス「スキンミラー」と専用アプリによって、
自宅にいながら日々の肌の状態と変化を知り、
肌測定の結果に基づき届く3本のスキンケアと
ケアアドバイスにより、
自分だけのスキンケア習慣をつくる
パーソナライズスキンケアサービスです。
HOW IT WORKS
—カクテルグラフィーの楽しみ方—
① スキンチェック
肌に5秒当てるだけで、
本格肌解析！
② 肌の変化を知る
肌の変化を5つの肌指標で
わかりやすく視覚化
③ おすすめケアを実践
毎月変化に合わせて届く
3本の美容液&保湿液
毎朝晩に届く自分にあった
ケアアドバイス
自分自身でつくりあげる
新しいスキンケア習慣

出典：Ridgelinez

ＯＭＯの時代を見据えて「データドリブン×サブスクリプション体験」を提供する新規事業を創出

前述の取り組みは、あらゆるものがデジタルで繋がっている「ＯＭＯ（Online Merges with Offline＝オンライン・マージズ・ウィズ・オフライン）」の時代を見据えた施策でもあった。ＯＭＯの流れは、例えばこうだ。ある女性客がオンラインショップでトライアルセットを注文する。数日間使ってみて、化粧品について質問するためにオルビスの直営店舗へと出向いたとしよう。店舗で商品の良さや使い方などについては理解したが、商品を買って帰るのは重くて荷物になるので、ネットで注文することを決め、店舗では何も買わずに帰る――。こんなイメージだ。

ネットとリアル店舗を行き来しながら買い物をすることは、スマートフォンの普及によって今や当たり前の行動になっている。だが、接客においては注意が必要だ。例えば、いつもネット通販でオルビス商品を大量に買う「お得意様」なのに、店舗側にその情報がなく「一見さん（初めての客）」として接してしまうと、顧客体験を損ないかねない事態となる。後述する「ＯＸ」や「ＭＸ」にも関連するが、こうした齟齬《そご》をなくすためにも、オルビスが通販と店舗といった事業ごとに分かれていた従来の組織を機能ごとに再編したのも、こうした経営環境の変化を反映したものである。機能ごとに執行・営業部門とマーケティング戦略部門に分け、マーケティング戦略部門が取り扱う顧客情報は通販とリアル店舗のものを統合したほか、ブランド管理業務も統一した。

CXからMXへ——顧客エンゲージメント指標を限界利益LTVに転換

オルビスは通販事業を主体としてきたこともあり、創業時からCRM（顧客関係管理）に重きを置いてきた会社でもある。ただ、そのため蓄積したデータや過去の成功体験に基づいてのみ、企画や物事を判断する文化が根強くあったという。合理的であり効率性も高い一方で、数字に頼り過ぎるあまりに既存のデータがない領域での新しい挑戦や企画開発ができなくなるという副作用も生じていた。

またオルビスは創業から通販事業で業績を伸ばしてきた経緯もあり、最終購入日（Recency）や購入頻度（Frequency）、購入金額（Monetary）から顧客を把握する「RFM分析」を長くやってきた。顧客の初回購入日を起点に、1年の期間で区切った会計年度単位で顧客1人当たりの購入額や購入単価を記録、分析していた。

こうした様々な顧客KPIが部門ごとに存在する状況下において、小林社長は「リピート購入を促す商売では、LTV（Life Time Value＝顧客生涯価値）が成否のほぼすべてを決めるぐらいの重要度になっている」と考え、顧客エンゲージメントのKGI（重要目標達成指標）としてLTVを最重視することにした。

LTVは「限界利益」（Marginal Profit）の累積値とも表現され、売上高から変動費を差し引いた利益額の積み上げといえる（注：LTVには様々な計算方法がある）。オルビスでは組織を再編して顧客に関する情報を統合したこともあり、ロイヤリティの高い顧客を増やしていく成果を評価する指標として導入した。

小林社長がLTVを重視した最大の理由は、適切な投資判断の基準になるからだ。例えば、新規顧客を開拓するのにいくら投資をするかを経営者が考える際には、どの媒体やサービスに広告費を投下するかを適切に判断する基準が欲しい。デジタル広告などでは、その基準としてCPA（Cost per Acquisition＝顧客獲得単価）が用いられるケースが多い。ただ、CPAはあくまで顧客獲得の入り口だけを評価する指標であり、CPAが一定の基準を超えてしまうと投資をすべきではない、と判断してしまう可能性がある。

ＣＰＡが仮に３０００円だった場合、販売する商品の利益が３０００円を上回らないと赤字になるので、「販促費（広告費など）を出すべきではない」と考えがちだ。

一方、時間軸を考慮すると、どうなるか。ＬＴＶをベースにすると許容可能なＣＰＡ（限界ＣＰＡ）を算出することができる。つまり、時間軸を考慮したＬＴＶが高い顧客を獲得できる施策が打てるのであれば、最終的な利益を試算して、入り口のＣＰＡが獲得時には赤字でも施策を実施してもよい、といった判断も可能になる。

オルビスは初回購入日を起点に、そこから３６５日間の年間購入金額から変動費を差し引いてＬＴＶを算出している。年間の売上を顧客数で割った「１人当たりの年間購入金額」ではなく、初回の購入日を起点として年間に顧客１人がいくら使うかを正しく把握することで、優良顧客を分析している。商品やキャンペーンなど新規顧客を獲得したルートごとに、その顧客が2回目を購入する率（Ｆ２転換率）や、併せ買いの傾向を把握することで、どのような手法で販売すると成功率が高いかを検証していくようになったのだ。

ＯＸの取り組みを加速しアプリコアの事業戦略へシフト

顧客分析のカギとなるのが、470万件超（23年1月末時点）ダウンロードされているスマートフォン向けアプリだ。ネット通販とリアル店舗の顧客データを統合した上で、アプリを軸にしたOMO戦略を展開し、ポイントデータの統一や、販売チャネルを横断した買い物体験の向上を図っている。

この戦略を同社は「アプリコア」と呼んでいる。22年1月に設置した「CRM統括部」が中心となり、アプリへの登録を通じた、ユーザーに対する新しい体験価値の訴求を目指した。その取り組みは今までオルビス商品を使ったことがない新規ユーザーの掘り起こしにも繋がっている。こうした組織を設けたことが、オルビスにとってのOXの一環である。

CRM統括部はアプリやECだけでなく、店舗を訪れる客やコールセンターへの注文、問い合わせなども担当している。多様なユーザーとの接点を増やしながら既存ユーザーに新しい商品やサービスを体験してもらうことで、まだ届いていなかった新しいブランド価値を紹介・提供することが目的だ。

また、アプリを通じてCXを高め、ブランドとの接点の回数を増やすとともに、顧客一人ひとりにパーソナライズした情報を届けることを狙った。しかも、そのお知らせはオルビス側から一方的にプッシュで通知するのではなく、顧客が自らアプリを頻繁に開いて確認したくなるような設計を心掛けるなど、OXからCXへの取り組みを同時に実行した。

例えば単なるキャンペーンなどの告知だけではなく、スキンケアについての興味を引くような独自の美容に関する記事を掲載したり、AIが顧客それぞれに似合う眉毛の形やメークなどをアドバイスする「パーソナルAIメークアドバイザー」や「AIアイブロウシミュレーター」などの機能をアプリに盛り込んでいった。それらを顧客が自宅などで自分で操作しながら、気になったことや確認したいことをリアル店舗を訪れて尋ね、肌の状態をより高度なレベルで判定してもらったりすることで、自分の肌に合ったおすすめの商品を紹介してもらえたりするようにオペレーションの連携をスムーズにした。

変革を定着させるためEXに着手、顧客視点を貫く「ロールドリブン」の組織へ

オルビスの企業変革はCXが基点だが、当然ながら従業員のエンゲージメントやサー

ビスレベルを高めていく施策も併せて実施された。CXを最大化するためには顧客起点の考え方を一気通貫で浸透させ、従業員が納得して行動できるようにする必要があるからだ。

社内のあらゆるレベルで、顧客起点の重要性をインナーブランディングしていき、結果としてサービスプロフィットチェーン（従業員を大切にすることで従業員のサービス品質が高まり、結果として顧客満足度や収益が拡大する）のフレームワークを実践していくことができる。

業界内でも早期にネット通販を開始したことで販売データなどの蓄積も進み、どのタイミングでどんな商品が売れるのか、どのようにPDCAを回せばどれくらいの売上や利益を確保できるのかなどの情報は、2018年より前のオルビスでも把握できてはいた。しかし、PDCAを高速で回すという「決められたタスク」を正確にこなすことが重視されていたため、管理型のマネジメントスタイルが取られていた。このスタイルは初期のオルビスの成長を支える原動力でもあった。

それを払拭するために掲げたテーマが前述の「未来志向」と「オープンマインド」だった。第2の創業期を迎えたオルビスで、従業員による新しい挑戦が自然と生まれるような組織づくりを目指したという。

小林社長による変革に向けた取り組みが始まった直後は、不満や不安が小さくなかったオルビス社内だったが、自社のパーパスを再認識するための議論の場を整え、トップが自ら従来の化粧品ビジネスのカテゴリーから脱皮するという新たな可能性を示してみせたことが、社内に大きなインパクトをもたらした。

このことは創業時の理念を知らない若手社員が顧客起点のメッセージを自分事として再確認し、新事業の開発によってそれを浸透させていく機会になった。またカクテルグラフィーの新規事業開発スタイルをロールモデルとして、従来の部門を横断する形で組織を顧客視点で商品やサービスなどの機能ごとに再編し、そこに若手を抜擢して権限を委譲することでスピード感のある意思決定で事業を展開していく、というスタイルも定着しつつある。

また、全社員の行動指針として「オルビスマネジャースタイル」を定めた。これは新たなオルビスを創造していくために「意識してほしい行動」（外部志向、市場志向、ビジョン志向、自律駆動など）だけでなく、「意識してほしくない行動」（内部志向、実務志向、過去顧客志向、他律受動など）も明文化して、具体的な行動規範として遵守するような文化を形成することなどが狙いである。また、3カ月に一度、上司がメンバーから「オルビスマネジャースタイル」の発揮度合いについてフィードバックを受け、双方が行動指針の内省化に繋げる「スタイルクエスト」という取り組みを実施したことで、組織の空気感は大きく変わっていった。

独自性の高い顧客価値を創造し続けるための4Xの同時実行

CXから始まったオルビスの変革は、顧客起点で、より良いサービスを提供し続けるEXの仕組み構築を通じて、LTVを高めていく道筋を示す一例となった。また持続的に顧客サービスを高度化させていく部門横断型のオペレーションOXを再構築し、それを運営していく中で、全社的なナレッジ共有が進むことにも繋がった。

過去には事業ごとの分業体制が進み過ぎたことで、市場全体の変化や将来の変化に関心を持ちにくい空気が社内にあったという。小林社長は「管理する立場であれば、従来の販売チャネルごとの組織で管理する方が楽だと思う。店舗販売と通販事業とで完全に別組織にし、担当もシステムも別の方がわかりやすい。しかし、顧客視点で考えたときには、自社に都合の良い管理体制が必ずしも顧客の価値に繋がるとはいえない面が出ていた」と述懐する。

つまりは、顧客を唯一の軸として定め、顧客対応のために、組織を機能別に再編することこそが、経営判断を変革するＭＸへと繋がっていったのだ。

また、前述のオルビスマネジャースタイルという行動指針にもあった「外部志向」もＭＸにおいては重要だった。それまでは何でも自前で構築していくカルチャーが色濃かったが、社内のリソースを活用するだけでは新たな発想を取り入れた構想を企画し、立ち上げることには限界がある。小林社長は外部の力を積極的に活用することで、変革に新たな力を取り込もうと考えた。

２０２９プロジェクトの皮切りとして、カクテルグラフィーの事業開発でリッジラインズをパートナーとして選んだのも、そうした「オープンマインド」の表われといえる。小林社長は、その理由を「オルビスのパーパスと目指す方向性が、『すべての変革を人起点で発想する』というリッジラインズの考え方と合致したから」と話している。

創業から人を起点に発想してきたともいえるオルビスと、人起点を企業変革の要諦とするリッジラインズは、このプロジェクトの遂行にあたって、人起点に根ざしたオルビスのブランドメッセージをまず明確にした。そして、ユーザーに届けるコアバリューを極限までシンプルにし、サービスストーリーを検討することに多くの時間を費やしている。

新製品開発の過程では、新商品やサービスのコアバリューが不明瞭になったり、テクノロジーの実現性やコスト優先の発想になってしまったりするケースが少なくない。ほとんどの日本企業は、事業のコスト効率化によって競争優位性を目指す「コストリーダーシップ戦略」を追求している。

そのトレンドは近年のDX投資の日米比較においても顕著である。一般社団法人電子情報技術産業協会（JEITA）が2021年1月に発表した「日米企業のDXに関する調査」によると、日本企業がDX投資で最も重視するのは「働き方改革」がトップで、次いで「業務効率化」となっている。一方、米国は1位が「ITによる顧客行動／市場の分析強化」で、次いで「市場や顧客の変化への迅速な対応」となっており、変化が激しい市場や顧客の〝姿〟を捉えて適切な事業機会を見定めることにDX投資の重点を置いている。

消費者のニーズ、ライフスタイル、価値観がそれぞれに多様化している。また、グローバルな新規参入者が増えている現在では、模倣されるリスクや予期せぬ競合他社に取って代わられる可能性が高まっている。そんな時代背景の中、オルビスは徹底的な顧客起点のリーダーシップによって自らを再定義し、他社にはない独自性のある顧客価値を創造する事業と組織の構造変革を、最先端のデジタルテクノロジーを取り入れながら同時に実行した。

小林社長は自身のSNS投稿で、DXの推進についてこう発信している。

「デジタルだ何だって言っても最後は人なんだという抵抗が一定の歴史のある会社にはよくあります。違うんですよね、最初が人なんですよね。こういう価値を提供したいという人の想いや企画があってその手段として徹底的にデジタルを活用する。人がやらなくてもよいことをどんどんデジタル化して、価値を生み出すことに人的資本をシフトする」

こうしてオルビスは、顧客の生涯価値を起点に「4X」すべてを一気に動かす変革によって、「第2の創業」ともいえる会社のリデザインを、かつてないスピードで実行した。その結果として、18年10月にリニューアルした基幹ブランド「ORBIS U（オルビス ユー）」は、発売1年で異例の460万個を売り上げ、オルビス30年間の歴史の中で、1商品のスキンケアラインとしては年間最高売上を達成した。また飲むスキンケア「ORBIS DEFENCERA（オルビス・ディフェンセラ）」は発売直後から人気を集め、1アイテムで約1年で約100万個、約26億円の売上を記録するなど、次々とヒット商品を生み出し続けている。

第5章

ケーススタディII

ビジネスエクセレンスを高度化させる「4X思考」

第4章では企業を変革に導く「4つのX」のうち、EX（エンプロイー・エクスペリエンス）とCX（カスタマー・エクスペリエンス）を起点として、全社にトランスフォーメーション（変革）を広げていった富士通とオルビスをケーススタディとして紹介した。

前述の通り、我々が経営者の方と対話していく中で、これまで多くの場合、DXの課題としてCXの向上やOX（オペレーショナル・エクセレンス）の改善が優先される傾向にあった。

一方で、富士通およびオルビスの例においては、CXとEXの変革をしていくことを突破口として、同時に経営管理、業務改善、サプライチェーン改革、データ基盤の構築・洗練化などに取り組むことで相互経路依存性を打破できるよう、企業活動全体を見直していくこと、また可能な限り同時に改革のアクションを取っていくことの重要性について説明した。

つまり、1つのXだけで完結させずに4つのXを同時並行で変革し、それらを横断的に繋ぐことで全社変革に繋げていくことが可能となってくるのだ。

これらは、リッジラインズが経験した数多くのプロジェクトからも明らかになってきている。本章では前章とは異なる変革事例としてマネジメントとオペレーションの変革、MX（マネジメント・エクセレンス）とOXの2つの側面から変革を進めていった企業をケーススタディとして紹介する。また、後半ではCX、EXを含む4つのXや、それぞれの連携を加速するためのデータとテクノロジーについても述べていきたい。

経営管理の変革〜MX向上から全社DXへ——大手ゼネコンのケーススタディ

2020年からの新型コロナウイルス感染症の流行に始まり、22年のロシアによるウクライナ侵攻や、関連するサプライチェーンの混乱、そして世界的なエネルギー・原材料高騰や消費者物価の上昇など、この数年間、予測不能な経営環境が続いてきた。今後も事業環境のボラティリティ（変動性）が高止まりすると予想される中で、経営としては中長期の計画を基に意思決定し、実行するとともに短期的な事業環境を観察しながらのスピーディーな判断、意思決定するスタイルも併せて求められるであろう。

これら経営環境の変化の影響もあってか、「データドリブン経営」はDXに関わるテーマの中でも経営者から更に重要視される傾向が見られている。この傾向は、内外のデータの分析を基に業績の早期把握や予実分析、更にはAIなどを活用した予測の精緻化により、打つべき施策を経営・事業部門において短期間で検討・実行できる体制を目指すものの表れであり、まさにMXの姿の1つの在り方である。その1つのケーススタディとして、ある大手ゼネコンの事例を紐解いていく。

建設業の根幹となる現場データを正確かつタイムリーに意思決定に活かす仕組み

国内外で建築・土木工事を手掛けるある大手ゼネコンは、DXの取り組みを本格化させるにあたり、全社DX方針・DX計画のロードマップの策定を行った。そのロードマップの実現にあたって、デジタル技術を活用した「データドリブン経営」は重要な施策の1つであった。

建設業の特徴として、ビルやインフラ施設などすべてが「単品受注生産」で、協力企業である各作業所が施工を担っていることが挙げられる。つまり、企画から設計、調達、施工、メンテナンスに至る時系列のライフサイクルに則り、顧客、設計者、専門工事業者、各種サプライヤー、ステークホルダーなどと取引する「裾野が広い産業構造」を構築している。このような事業特性から、現場の情報の把握に時間がかかったり、伝達の過程で情報が劣化したりすることがある。

一方で、国内の厳しい受注競争の中での迅速な意思決定や、競争力強化のためのコストダウン・工期短縮が求められており、作業所・支店などの現場の情報を正確にかつタイムリーに把握し、状況の変化に合わせて要員手配・異動（資源の最適配置）などに素早く対応することが業績を左右する。従って、複雑かつ多層化された事業構造の中で現場の情報をいかに効率的に収集し、それを根拠に迅速に意思決定する仕組みは、当該ゼネコンにおいて積年の課題を解決する重要な要素であった。

その課題は主に3つに集約されていた。

①現場データの集計と分析に多大な労力と時間がかかっている

この企業では、本社で意思決定を行うにあたって、各支店の数字を集計・把握する際、経営の求める業務スピードと現場が数字の集計・分析に要する時間との間に大きな乖離が存在していた。同社において、各地域の事業責任を負うのは全国および海外の支店を統括する支店長であり、支店長は担当地域における現場の受注獲得や工事の進捗と完工の見通し、資材の調達や工事現場の人員確保、そして地域全体の収益確保などに責任を持ってマネジメントを行っている。

社長以下の経営陣が本社で開催する定例経営会議では各支店長から報告される事業状況を基に意思決定を行うのだが、現場では日々ビジネスの状況が移り変わる中で、関連するデータを各支店、および本社の従業員が統合してまとめ上げることに多大な労力と時間をかけており、データ集計作業に年中対応しているケースもあった。

②経営が現場の数字を正確に把握できない

現場の実績を正確に把握するという点でも課題が存在した。建設業の特性上、受注から実際に財務上の業績として売上が計上されるまでに時間がかかる。一方で、本社としては期ごとに売上を把握する必要があり、支店は四半期ごとに新規の受注状況を反映した当期、翌期、翌々期の売上見込みを報告することになっている。当然のことながら、他社との競争のもとで、受注の確度が低下したり、確度を高く見込んでいた新規受注の案件が失注したりすることもある。つまり、直近の受注状況によって当期・翌期以降の売上見込みも影響を受けるが、支店の当期・翌期以降の目標に関して支店の意思だけで変更することは基本的にできない。従って、先の見込みを変えないように確度が高くない受注見込みを積み上げることで先の辻褄を合わせている、というようなことが現場で起こっていた。

前回の報告で積み上げていた案件や確度が次の報告でガラッと変わっていたりするにもかかわらず、先の目標見込みは変更されずに数字が上がってくる。現場から各部門（支店、土木、建築や管理部門など）の思惑も影響して、定例経営会議で報告される業績予測は、人の意思が入った、ある意味〝操作〟された報告になっていたのである。本社の経営陣は現場の〝ファクト〟が掴めず、何が正確な数字かを十分に把握できない状態での意思決定を余儀なくされていた。

③経営会議が数字の報告で終わる

前述の通り、各支店の従業員が多大な労力と時間をかけて統合してまとめ上げたデータは見るべき支店や指標の多さから、定例経営会議ではその数字の報告だけで終わるようなこともあったという。数字をドリルダウン（深掘り）して原因の所在や真因を明らかにする、そしてその結果を踏まえて「どうするのか？」を議論するという次の対策や必要な行動に繋げるための活用には至っていなかった。

起きている事象を明確に課題として捉え、次に何をしなければならないかを具体的に議論することが、一般的に日本企業は不得手とされている。オーナー企業や単一事業で展開している企業のケースで、「あ、うん」の呼吸で社長と意思疎通が図られているようなこともあるが、ある程度の規模と事業展開をしている企業では、そのような意思疎通には限界があり、経営陣の間にも少しずつ認識のずれが生まれてくる。まさに同社でもトップの定例経営会議において同様の事象が起こっていた可能性がある。

このような悪弊ともいうべき経営管理の習慣が、本社が事業全体を俯瞰して適切なタイミングで適正な経営判断を行う上での重大な課題であると経営陣が認識し、同社はDXの推進によって解決を図っていくこととなる。

データドリブンマネジメントの陥りやすい落とし穴

経営管理に関わる非効率な作業を徹底的になくし、月次・日次・リアルタイムに受注の状況や予算との乖離の兆候をいち早く捉え、改善に向けた意思決定を迅速に行って施策を実行する。このような姿を目指して、データドリブンマネジメントの導入は検討される。

一般的にデータドリブンマネジメントは、以下の２つのアプローチを取ることが多いとされる。

① マネジメント指標の体系化を起点にしたアプローチ：企業内でマネジメントしている財務・非財務指標を再デザインし、各ＫＰＩ／ＫＲＩ（Key Risk Indicator）ツリーの体系化を起点に指標の優先順位を決め、段階的にデータを整備しながらＢＩ（ビジネスインテリジェンス）による可視化や、ＡＩを活用した予測の仕組みを構築していくアプローチ

② プロトタイピングを起点にしたアプローチ：特定のマネジメント業務や指標に絞っ

て現状では不完全なデータであることを承知で、BIやAIのプロトタイピングを実践しながら実現性を検証・評価しながらスコープを拡張していくアプローチ

①のマネジメント指標の体系化を起点にしたアプローチについては、中期経営計画や事業計画で掲げている財務・非財務指標を業務KPIに紐付けてツリー状にブレークダウンすることで、マネジメントすべき指標はロジカルに整理できる。しかしながら、一般的に経営陣が見たい新しい指標の可視化は工程として後ろ倒しされることが多く、1〜2年かけてダッシュボードのすべての項目を網羅的かつ詳細に定義し構築したものの、それまで見てきたエクセルでの報告との差が見られないことも多く、〝期待外れ〟となりがちである。

②のプロトタイピングを起点にしたアプローチについては、経営として可視化したい指標を特定し、BIツールなどを活用してプロトタイピング（試作）を実施することで、これまでモニタリングできていなかった指標や変化を捉えるためにデータをビジュアライズすることで具体的なイメージ創出が可能である。しかしながら、仮にプロトタイピングによって指標がビジュアライズされたとしても、それらが事業側で業務の改善や実

務に活用されないことには、データ整備などの運用まで含めた体制整備に至らず、このアプローチは成り立たない。つまり、プロトタイピングも、実際にその数字を見ながらどのように業務や行動を変えていくのかなどの活用イメージが不在のままでは、使いどころがなくなってしまうのである。

どちらのアプローチも有効と考えられるが、これらの落とし穴にはまることなく、タイムリーに正しいデータを整備し、有効な意思決定に繋げやすい見せ方やプロセスを早期に築くにはどうすればよいのか。特に同社での実践を踏まえて、成功に繋がるポイントを提言する。

マネジメント体験を起点にMX向上を図り、企業カルチャーまでを変革

同社でのデータドリブンマネジメントを導入するにあたり、リッジラインズとしてはプロトタイピングを起点としたアプローチで、以下のポイントを踏まえて実行を伴走した。

①MX：重要指標の絞り込みとターゲット会議体での体験の変革にフォーカスする

プロトタイピングを行うにあたり、重要指標とその指標をどの会議体で活用するかを特定し、会議体での体験を変革することを狙った。具体的には、同社の業績に最も直結する受注高を重要指標とし、関連するKPIも整備し、会議体としては経営層への業績報告が行われる定例経営会議と、案件の受注を審議する受注工事検討委員会をターゲットとして変革を検討した。

まずは現場や組織内に分散して管理されていた受注状況・受注見込みや現場事情などの細かな数字やデータを、役員を含めた経営陣がほぼリアルタイムで把握できるようにダッシュボードを実装した。当初は限定的なKPIで運用を始めたダッシュボードだったが、経営トップや役員らの要望に応じて経営判断に必要なデータの数を増やしていき、より総合的な意思決定ができるように短期間で改良を重ねていった。今では経営会議の場でも、役員の誰もがパソコンやタブレット端末を使って各地・各部門の情報を的確に把握することができるようになっている。

②OX：データ集計業務の効率化に配慮する

データドリブンマネジメントを新たに導入しようとしても、事業部門の各部署は本業もあり、現状のマネジメント業務とパラレルで遂行することは難度が高く、業務負荷も大きい。例えば、各地の支店から情報やデータを集める際にも、従来と同じ業務の回し方ではダッシュボードのメリットが十分に発揮されない。各支店の各部門が数字やデータを集計し、それを事業部門ごとに集計し、更に本社が事業部門ごとのデータを合算して月次の報告書をつくるやり方では「エクセルデータのバケツリレー」のような事態も起こりがちだ。エクセルに打ち込んだ数字などの情報をメールで支店や事業部、そして本社に送って集計・集約するのだが、その入力の際にも、二重に打ち込んだり間違えたりするリスクを伴う。営業網や販売網などを抱える企業では、こうした作業が一般的だ。

だが、数値の入力などの作業は、デジタルで処理した方がスピードも圧倒的に速く、メリットも大きい。データの入力フォーマットを全社で統一し、アラートを鳴らしてその日のうちに数字を入力してもらう、チェックしてもらうことなどを通じて、全体としての処理スピードを格段に速くすることができるからだ。従来の傾向とは異なる数値やデータが入力されると、再確認を求めることも可能だ。また、ルールを超えた金額の決済などが必要になる場合は、数字を打ち込むことで自動的に上司が審査するようなシステムに設計することも可能であり、不正も防ぎながら既存の業務の廃止やスリム化を実施することで、データドリブンマネジメント導入のために社員が作業をしやすくして余白をつくっていくのである。

③EX：1カ月単位で変革による成果を体感する

MXとOXの2つのエクセレンスを高めることで、データドリブンマネジメントは成功裏に導入されていくが、変革を持続的に行っていくには「目に見える変化の体感・成功体験」が重要になってくる。

実際に同社では、最初の1カ月で経営会議などのマネジメントシーンに沿ったダッシュボードをリリースしフィードバックを得る、次の2カ月目でダッシュボードをブラッシュアップ、3カ月目で経営指標の再設計を経て、必要となるデータ基盤アーキテクチャーデザインまでを実行した。1カ月単位で経営層や関連部署に新たな体験をアジャイルに提供し、目に見える変化を感じてもらうことで、データドリブンマネジメントを動機付けていくのである。

④テクノロジー：アジャイル開発では経営者の理解とリスクテイキングが不可欠

1カ月単位でプロトタイピングを進化させていくためにアジャイル開発で臨むことになるが、ではアジャイルの手法さえ導入すれば、成功するかというともちろんそうではない。このプロジェクトでは、意思決定を行う経営陣と経営管理部門、ダッシュボードを開発するエンジニアが一丸となって、意思決定者にとって本当に必要な機能や情報を人起点に立って素早く実装できたことが、成否を分けたといっても過言ではない。

その際に肝心なのは、〝完全主義（パーフェクショニズム）〟を排除することだった。大きな組織の経営となれば「見たい情報」というのは無数に挙げられがちだ。しかし、それらは「いつか見ることがあるかもしれない」だけで、実際には使われない可能性が高い場合も多い。完璧なものをつくろうとするがあまりに、考えられ得るシーンやパターンをすべて洗い出そうとすると、いつまでもシステムが稼働しないまま検討・構築に膨大な時間を費やすことになる。前述のように完成したときには〝期待外れ〟や〝使いものにならない〟リスクを伴ってしまう。

変革を着実に進める――経営トップの変革へのコミットメント

この企業が経営ダッシュボードを通じたＤＸに成功しつつあるのは、これまでのポイントを踏まえながら、経営トップや担当役員がチェンジリーダーとなって社内の変革を主導したことが大きかった。「全社で最大の優先事項だから、迅速に対応をしてもらいたい」と支店や現場に伝えた上でＫＰＩを管理し、経営企画と情報システム部門が一体となるように取り計らい、変革を進めやすい環境を整えていったことも成功の一因である。

これら変革のもとにあるのは、デジタル技術の導入による業務の効率化だけではなく、社内で働く人＝経営陣、幹部社員、従業員らのすべてにとってプラスになるように考える「人起点」の発想である。従業員にとっても、毎月の煩雑なデータ集計作業がなくなったことで、より生産性の高い業務に集中できるようになった。従業員が現場で働かなければ工事が完成しないという業種であるため、コロナ禍においてもリモートワークの導入は現実的とは言い難かった。その分、可能と思われる各種の作業を極力デジタル化し、省力化を実現できたことの戦略的な効果は大きかった。まだ部分的ではあるが、これはＥＸにも繋がり、従業員の働き方においても意欲の向上が見られるようになった。

また、プロジェクトを進める過程において、戦略の実現に向けた組織の役割や責任分担が曖昧であることや、更に過去からの文化的背景がＤＸの推進を阻害していることが判明した。これらの是正のために、ＤＸの推進を統括する組織に加え分科会を設定し、それぞれに推進責任者、実行責任者を設定することで各施策の責任の所在を明確化した。

更に、社員一人ひとりがＤＸに対して主体性を持つための働きかけも進行中だ。具体的には、責任者によるコミュニティの運営、ＩＴツールや社内ポータルサイトを活用した社内連携、ミドル層以上のＤＸリテラシーの向上施策や研修などが挙げられる。これらによってＤＸの目的や目標が共有され、社員一人ひとりの「自分事化」を促進することが狙いである。

ＤＸによって一人ひとりの仕事にどのようなポジティブな影響があり、ひいてはそれらが企業全体や、顧客・市場にどのような提供価値になるのかを明確化することを通じて、組織全体の士気を向上させ、企業カルチャーにも大きな変革をもたらすべく取り組んでいる。

ＭＸやＯＸで経営や業務を変えるだけでは、一過性の改革プロジェクトを成功させたに過ぎない。DXというのは一朝一夕でできるものではなく、ある程度中長期的なスパンで取り組む必要があり、それを推進していくのは社員に他ならない。EXの目的は従業員への価値を最大化することともいえるが、EXに取り組むことで変革を加速・定着させることにも繋がるといえるだろう。

フラットかつ相互のコミュニケーションを促進して変革へのカルチャーを醸成し、必要なアクションに素早く取り組みやすい環境を整え、成果を確実に可視化することで取り組むメリットや効果を波及させていく――。そして、これらを加速させる上で、データの活用やテクノロジーの進化は必須となってくるのである。

4Xを支えるデータとテクノロジー

4Xを推進するデータドリブンマネジメント

これまで4Xを同時に変革していくことの重要性や着眼点を説き、その事例を説明してきた。実はすべての変革を進める上で、データ活用を中心にして業務を設計して変えていくことが欠かせない。ここでいうデータの活用とは、単にERPで企業活動の結果を集計することではない。企業活動から生まれるデータに基づき意思決定をすることで、人の恣意的な判断の影響を取り除いて業務を効率化・スピードアップしたり、根拠のあるデータや分析によるインサイト（洞察）を基に、顧客に対する提供価値を高める施策を打ったりすることが可能になるということだ。

複数のXにかかるデータ活用の事例として、大手IT企業のケースを紹介する。この企業では、事業を管理する上で毎月、膨大な人数をかけて月次の営業会議などでの実績を報告し、今後の見通しや対策について整理・作業を行っていた。

ここでの論点としては、現在のような事業環境の変化が激しい中で、「期初に設定された予算」というものが、どれだけ信頼性があるのかというものだ。

この〝予算〟が既に時間が経過しているものであれば、それに対する実績の予算比予測や着地と呼ばれる試算自体の有効性が崩壊しており、その予算をベースにコストを使って対策を打ってよいのだろうか。

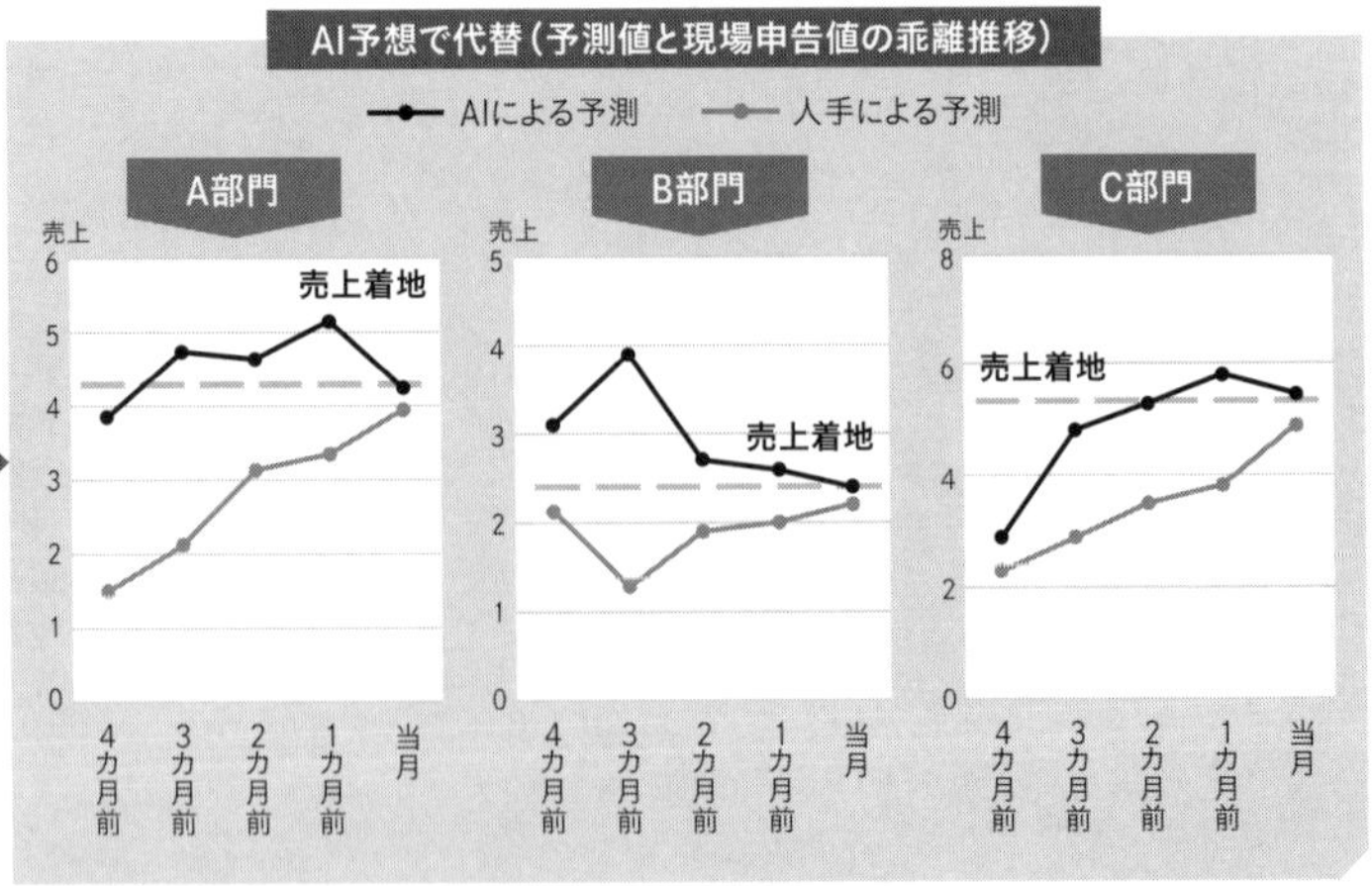

そこでリッジラインズでは、実際にAIによって売上着地を予測してみたところ、膨大な作業を要している作業とは大差がない予測ができていることがわかってきた（図5－1参照）。

この〝着地〟予測という業務に、同社では何百人ものおびただしい工数がかかっている。この組織ピラミッドでの作業の積み上げでつくられた予測が、AIの予測と大差ないのであれば、その作業はAIに任せ、本来なら人にしかできない、予算とのギャップを埋めるための〝対策〟の検討に工数を割くべきではないか。AIの活用によって、より正確な経営管理、人でしかできないことへのリソース

図5-1　AIによる予測型経営の実践事例

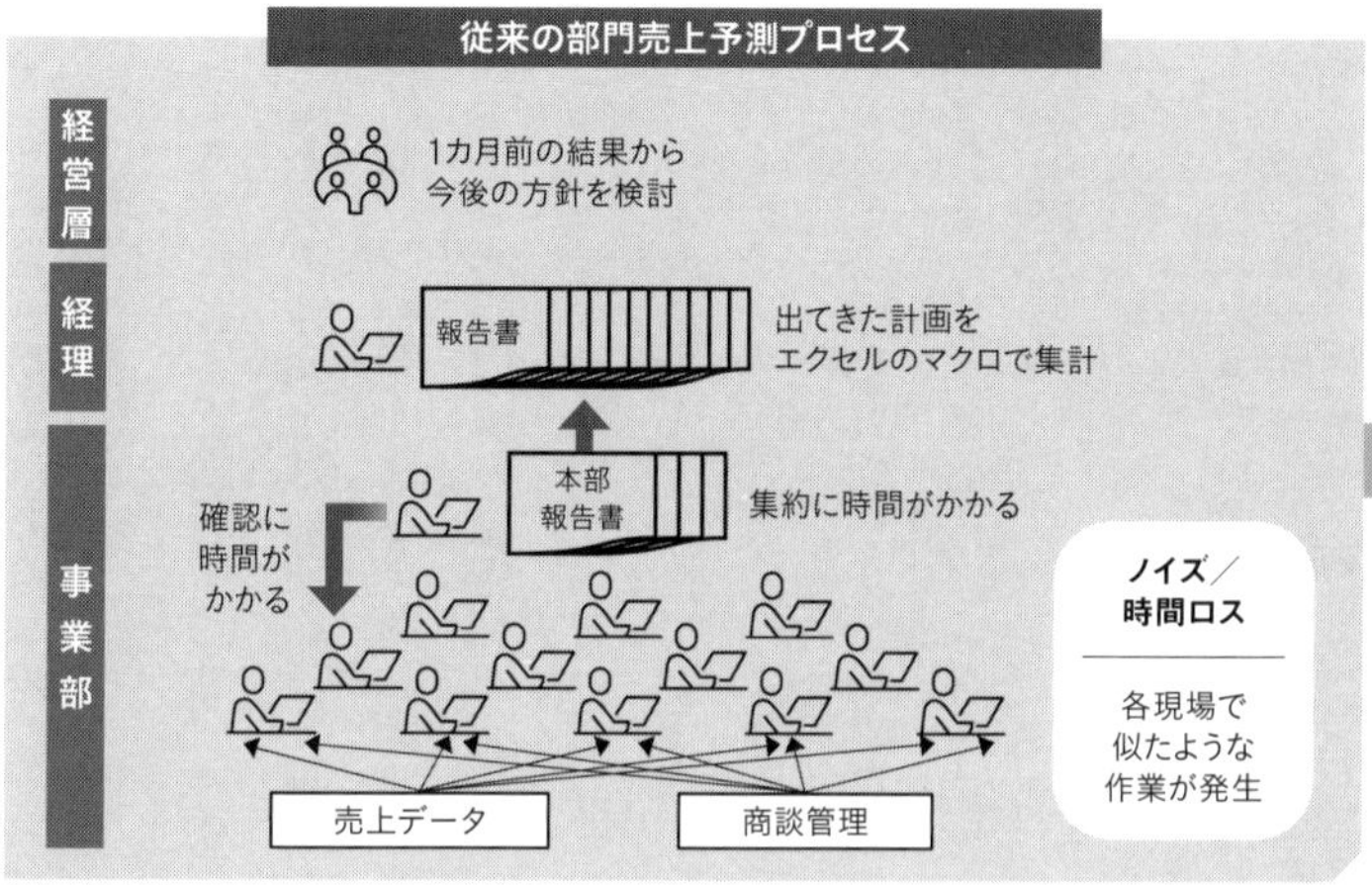

出典：Ridgelinez

シフトを可能にする業務効率化などMX～OX・EXを実現することができたのである。

またCXに繋がる事例として、あるアパレルメーカーでの商品コントロール改善を紹介する。

一般的にアパレルメーカーの店舗在庫については、ある一定の閾《しきい》値《ち》をベースに、中央組織が半自動的に商品を発注しているか、店長にその権限を委譲して店舗発注しているかの2パターンに分かれる。

このメーカーは後者にあたり、店長の発注に基づいて商品配分を決めていた。店長は現場のニーズや実際の顧客の動きを最も身近に見ているので、自分で発注できることへの納得感はあるものの、一方でその経験や勘、思い込みから予測にバイアスがかかる傾向にある。

そこでＡＩによる店舗別・商品別の売上予測を導入し、それに基づいて商品発注を行ったところ、その売上は前期比で2割増となり、在庫回転率も向上した。アパレル商品は定番品以外、春夏と秋冬で商品構成が変更され、同じシーズンであってもトレンドによって大きく商品構成の変更があったり、各商品自体が異なるデザインや価格になったりする場合も少なくない。

そのため過去の販売データなどを基に売上を予測することは、一般的には難度が高い。しかしながら、リッジラインズは商品の類似属性に着目することで、その売上予測精度を高めることに成功した。予測精度の向上によって売上が上がり、消化率が高まる。業務の効率化とともに顧客のニーズとのマッチング精度も高まったということであり、ＯＸ～ＣＸの実現ともいえる。

これらの事例からいえることは、データを活用して予測をすることや、予測精度を向上させることも大切だが、その予測をベースに業務やマネジメントの力点を変えること（人にしかできないこと、例えば、目標に対する打ち手の検討や自動化に適さない人手をかけるサービスへの注力など）が変革の本質である。

データの重要性を理解しても、やみくもにデータをデータレイクに集約させたり、データサイエンティストを揃えたりするということには警鐘を鳴らしたい。「何を意思決定したいのか？」「データの活用によって何を判断し、どのような変革を実現したいのか？」を起点に考えることが重要だ。

利用シーンを描き出し、そこに必要なデータ、分析手法を割り出し、どのようにデータを入手するのか。無駄なくデータを管理し、それを分析・活用できる人材育成・組織設計も必要になってくる。

つまり、4Xを推進するデータドリブンマネジメント自体が、組織の活動や人の行動をデータ駆動型に変革する取り組みであり、最も重要な変革のカギは、データを活用する上での組織の目標設定、役割定義やその成果を評価する制度、目的遂行のための人の意識改革と行動変容なのである。

日本企業のＤＸを支えるＩＴ部門の変革

大手ゼネコンの例では、経営層がダッシュボードを見て質問を投げかけ、意思決定に経営層が直接参加してくることで企業全体が覚醒し、現場で数値を集めて上司に忖度しながらデータを変えていくといった、過去の流れから生じていた組織行動が変革されていった。

これまで事例を通して説明してきた４つのＸを加速させるために欠かせないのが、テクノロジーの活用によりＤＸを推進するＩＴの力だ。特に日本においてはＤＸを推進するためのテクノロジーはＩＴ部門が主体になることが多く、そのためには以下のようなＩＴ部門自体の変革にチャレンジしていくことが必要だ。

①４Ｘを加速させるテクノロジーを俯瞰できる組織構築

ＤＸとは本来全社的な変革であり、組織全体に及んでいかないと大きな成果には繋がり難い。そのため、全社ＤＸプログラムを統括する各分野の責任者が、いかに４Ｘを回していくかを考え抜き、実行に落とし込んでいくかが重要になる。

ＣＥＯやＣＯＯ（最高執行責任者）、ＣＭＯ（最高マーケティング責任者）、ＣＨＲＯ（最高人事責任者）が中心となってそれらを推進していくのが定石と思われるが、具体的にどのようなテクノロジーを導入していくべきか、どのようなロードマップでそれを実装していくかなどについて、俯瞰的かつ実践的な視点を持つ必要がある。

それを支えるのがテクノロジー分野を率いるＣＩＯ、ＣＤＯ、ＣＴＯ（最高技術責任者）などの存在だ。俯瞰的な視点を持ってＩＴ投資の戦略と計画をリードし、４つのＸ（ＥＸ、ＣＸ、ＯＸ、ＭＸ）の観点からテクノロジーの最適解を組織にインストールしていくために非常に重要な役割を果たす。

しかしながら前述の通り、日本においてはＤＸ推進の主体的役割がＩＴ部門に委ねられることが多く、これまでその役割は基幹システムの運用などＳＯＲ（System of Record＝記録を目的としたシステム）がメインであった。ＤＸ推進には社員、顧客あるいは取引先との関係性を定義、強化していくためのＳＯＥ（System of Engagement）の活用を中心に事業側の理解や事業部門とＩＴ部門の協業が必要となってくる。

多くの日本企業のＩＴ部門の現状は、事業側を深く理解しながら「事業の中に入り込んで、イシュードリブンでシステム構築を考えられているか」というと、我々の経験上、発展途上と言わざるを得ない。

例えば、大手電力会社の場合は、これまでの送配電を「いかにスムーズに効率よくやっていくか」という観点が中心だっただろう。だが、電力会社として提供できるであろう、豊かな暮らしづくりやスマートシティのような街づくりなどにおいては、住民やサービスとの関係性におけるシステムやDXの提供価値がどうあるべきか、というアプローチをIT部門が考える必要性が高まっていくのではないだろうか。

②DX推進に必要なIT部門のカルチャー変革

DX推進において企業のIT部門に要求される大きな変化は、要求される開発のスピードであり、そのスピードを加速させるために必要な行動指針やIT部門全体のマインド、カルチャーを変革することであろう。

事業側や外部パートナー(時には顧客)と共同で行うDXプロジェクトでは、今までのようなウォーターフォール方式でのシステム構築や重層的な請負体制(ベンダーから二次請け、中小ベンダー、ソフトウェアハウスなどへの多層的な発注システム)を踏襲していると、要求されるスピード感に沿った価値提供は困難を極める。

ある程度、必要最小限な価値を提供できるトライアルのプロダクト（MVP＝Minimum Viable Product）を作製し、ユーザー側のニーズを検証しながら少しずつ前進していき、最短ルートで製品やサービスを開発することが、事業側・IT側の省力化とともにDXに要求されるスピード感と完成度の高い製品・サービスの提供に繋がる。

そのために必要なカルチャー変革の内容として、「クラウド・ネイティブ」「アジャイル・ネイティブ」という考え方が重要になってくる。

クラウド・ネイティブ：事業の変化への対応や解がないDX推進においてPoC（プルーフ・オブ・コンセプト＝概念実証）が多発する中で、半年ごとなどの定期的なエンハンス（新たな機能や性能を新しく追加すること）では、DXを加速させることはできない。例えば、事業側が「こうしたい」といったら、翌週にローンチ（新しい機能を開始）するくらいのスピード感が求められるのである。その実現のために、これまで「ものづくり」に合わせてきたIT部門は、クラウド環境でベンダーが提供する多様な道具（システムを細かいサービスに分解して、それぞれを連携させてシステムを機能させるなど）を活用したり、組み合わせたりすることで必要なスピード感を実現していくのである。

アジャイル・ネイティブ：これまではシステムを構築するために何年も費やすことが通常であったので、実質的にその当該ビジネスに何年もコミットすることが不可避な状況が普通であった。しかしながら、DXを進める上で実行してみないとわからない探索的な事業においては、「つくっては壊す」という感覚で常にエンハンスし続けることが必要だ。そのためアジャイル開発については、顧客も含めたMVPの考え方への理解、相互の信頼関係が必要であり、MVPで前へ進む、完璧なものを求めず小刻みに進化していくことが、結果として必要なものしかつくらず、完璧な商品やサービスの提供への近道となるのである。

つまり、クラウド・ネイティブ、アジャイル・ネイティブとは、特定の技術や開発手法に閉じた話ではない。これらを実現するには、意思決定のプロセスやマネジメントの方法を大きく変革させる必要がある。本来、IT部門だけでなく事業部門や経営層もクラウド・ネイティブ、アジャイル・ネイティブな組織に生まれ変わらなければ、機能することはないだろう。

③経営スピードを加速させるDevOpsとガバナンス

「DevOps」とは、開発担当と運用担当が連携することで、それぞれの担当者がサイロ化することを防ぎ、アプリケーションやサービスの開発を加速させるものである。事業の変化に合わせてシステムをつくり、ランニングアップデートを繰り返しながら、新しい形にどんどんとつくり替えていく開発手法として、ＤＸの推進と相性が良いとされる。

しかし一方で、事業側が主体となったアプリケーションが乱立する場合も多い。どのようなデータをマネジメントするのかについての設計が足りていないことなどにより、データ量が想定より膨らんでしまったり、アーキテクチャーの構築で手戻りが発生したりする。

顧客情報を取り扱うデータ基盤を構築するときに、部署ごとに異なるデータ設計をしてしまうことで顧客基盤のデータ量が膨れ上がってしまうケースもある。物流や消費データからオペレーション上の最適解を導き出すＡＩの活用でも、エンタープライズレベルでどのようなデータをカバーすべきかなどを事前に考えておかなければならない。

このように事業側のニーズに応えるDevOpsにおいても、それをカバーする全体のアーキテクチャー設計やガバナンス、組織設計が４Ｘ推進上、更に重要な課題となってくるのである。

今、欧米のＩＴ技術者の間では、ＩＴの〝Ｉ〟は「Information」から「Innovation」に変化しているというのが一般的になりつつある。つまり、テクノロジーを活用して実践すべきＤＸは現行を維持した小さな変革ではなく、抜本的な事業変革だというのである。国内企業では一足飛びにそこには至らないにしても、ＩＴ部門が最新テクノロジーにアンテナを立て続け、事業ＤＸにオーナーシップを持って取り組むべき時代がもうそこまで来ているのである。

リスクカルチャーをつくる重要性

一方で、ＤＸを推進する上での大きなアジェンダの1つとなるのが、リスクマネジメントだ。

変革を進めていくためにテクノロジーの活用は必要不可欠であるが、その反面でテクノロジーの誤用や悪用によって事業や企業全体に大きな影響を及ぼす可能性がある。情報の漏洩や改竄、サイバー攻撃によるシステム障害や身代金の要求などのニュースを、最近では目にすることが多くなっている。データ保護リスク、事業継続リスク、倫理リスク、クラウドリスクなど様々なリスクが、もはや日常的なものになっている。

他方で、デジタル関連の国際的なレギュレーションやガイドラインなどのルール策定も進んでいる。海外で事業を展開する企業には特に対応が求められているとともに、国内でも追随する動きが出てきている。

従来であれば、システムの安全・安心についてIT部門が中心となって対策を講じてきたわけだが、今やデータは重要な経営資源の1つとなっており、データの安全・安心・品質の確保は企業経営にとっても重要なアジェンダとなっていることは明らかである。

DXを推進して新たなテクノロジーを導入すれば、それに伴いリスクマネジメントの対象も増えていく。それを避けたいからとDX導入に消極的になってしまっては、変革のスピードは上がっていかない。自社を守ろうとするばかりに、顧客や従業員に対して一方的で、かつユーザーにとって不利益が生じるようなルールを押し付けようとして、CXやEXの低下に繋がることが起きてしまったという話も耳にする。

今やどの業種、どの企業においてもデジタル化は当たり前の取り組みである。自社だけが既存のやり方をしていても、顧客やサプライヤー、パートナーなどは常に新しい仕組みやサービスを導入していく。つまり自社のシステムは直接的にも間接的にも繋がっているといえる。

技術面からいえば、パブリッククラウドやオープンAPI（アプリケーション・プログラミング・インターフェース）の活用が急速に進んでいることもあり、バリューチェーンがこれらを介して繋がっている企業も増えているだろう。すべての連携先が同等のセキュリティレベルを担保するのが現実的とはいえない環境において、そこをターゲットとして攻撃され、自社や他のプレーヤーにまで被害が波及することも起こり得る。

それでもなお、DXでは外部との連携が不可欠なものであり、ビジネス機会を最大化するための必須要件であるため、繋がる世界を前提としたリスクマネジメントを実施していくことが肝要となる。

新たなテクノロジーを常に導入し、繋がる世界を前提としながら自社およびステークホルダーを守る必要があるわけだが、情報システムに限らず、人のつくった仕組みは絶対にどこか欠陥があるものだということも忘れてはならない。それを運用するのも人であり、ヒューマンエラーがゼロになることはないだろう。

完璧なルールを定義してもその通りに物事が進むことはなく、業務を執行する各現場、リスクを管理する部門、内部監査を行う部門が連携してコミュニケーションを取りながらリスクを適切に評価し、対応していくことが望ましい。

このように、リスクマネジメントを実施する際にも「人起点」での発想が重要となってくる。4X思考で全社の変革を進めていくわけだが、従業員一人ひとりも含めた全員がリスクオーナーであるということを自覚した上で、それぞれの推進部門の中でもリスク感度の高い人材を育てながら、組織としてリスクマネジメントができている状態をつくっていかねばならない。実行段階からではなく、企画・構想段階からセキュリティについても考慮していくことが重要になる。

セキュリティ・リスクが変革を阻む存在ではなく、変革を確実なものにして不測の事態に陥らないためにも、このようなリスクカルチャーの醸成がDXに取り組む企業には不可欠となる。

リッジラインズは企画・構想段階からDXの推進を支援しているが、このような発想で組織全体にリスクカルチャーを醸成し、リスク管理業務の変革、デジタル技術やデータ活用に至るまでの統制環境を整備していく取り組みは今後、ますます拡大していくことになるだろう。従来型リスクマネジメントからの転換が、4X思考による変革を促進して、チャレンジングな取り組みの中でもリスクに適切に対応することになっていくと確信している。

企業のパーパス（存在意義）の実現を支える人起点の発想

もはやスローガンの立派さだけでは評価されない

これまで見てきた4X＋Tを進めるための最大かつ共通のドライバーは、従業員の行動変容である。全社をトランスフォーメーションしていくには、従業員全員が行動を変えていく必要がある。

そのために私たちが取り組むべきことは何だろうか。少なくとも今までの行動規範を打ち破り、新たな行動を起こすためには、経営理念よりも一段深層にある「パーパス」

（社会的存在意義）の共有・浸透が必要であり、その実現に向けた意欲が求められる。

時代の変化は速く、先が見通せず、社会構造も急激に変化している。企業は、社会の成長や環境保護への貢献といった〝スローガン〟の立派さだけでは評価されなくなってきている。財務（利益）的な成長に加えて、ESG（環境、社会、ガバナンス）へのコミットメントが明示的に求められる社会的価値の向上が必要となった。つまり、いかにサステナブル（持続可能）な成長を遂げられるか、そのために自分、自社はどう貢献できるかが変革の機軸になっているのである。

利益よりも「人」中心という観点の重要性

今後の企業の在り方への示唆として象徴的な調査結果がある。電通系の企業広報戦略研究所が全国の生活者1万人を対象に調査した「2020年度ESG／SDGs（国連の持続可能な開発目標）に関する意識調査」によると、ESGについての認知度は20代男性で約42％、20代女性で約20％であり、他の世代よりも抜きん出て高かった。その他の世代では、ESGを「詳しく知っている」「聞いたことがある」との回答割合は40代男性で28％弱、60代男性で25％弱だった。女性では30代から60代以上の各世代でESGを「知らない」と回答したのは84％以上だった。SDGsの認知度では20代男性で約62％、20代女性でも約41％に上った。

最近の調査（2022年度）ではSDGsの認知度はどの世代も80％を超えるまでになったが、10～20代の「Z世代」と呼ばれる年代の若者たちは、自分たちの将来に向けて早くから持続可能な社会や地球環境に強い関心を持っていたことがうかがえる。

こうしたサステナビリティの時代だからこそ、「この企業は社会に（もしくは地球に）どのような貢献をするのか」といったパーパスが経営の要になるのは当然であり、その実現には「人起点」という発想――顧客・従業員・社会、それぞれの視点で提供価値を考える――が一層求められるであろう。

ESG経営を充実させる動きでも、人的資本という人材や育成面の拡充が強く求められるようになっている。持続可能な社会を営んでいくためには、利益よりも「人」中心という観点が重要だと社会全体でみなされる傾向は今後も強まっていくのは間違いない。

第6章

4Xを駆動させる、リッジラインズ独自の人起点アプローチ

「人起点」——誰よりも人を理解して変革を駆動させる

ここまで、「4つのX（＝CX、EX、OX、MX）」を同時かつ連動させて企業を変革すること、「T（＝テクノロジー）」を手段として活用しながら組織に浸透させ、変革を加速させることの重要性について説明してきた。いずれの「X」においても変革を体現するのは「人」であり、テクノロジーの力も活用しながら各人の行動変容に着実に繋げていくことがDXを成功に導く。

本章では、人起点での行動変容を巻き起こしていく役割を担う企業経営者や幹部社員といったチェンジリーダーが、より深く人を理解し、変革を駆動させるための着眼点や方法論について、リッジラインズが手掛けたプロジェクトなどの実践知を基にご紹介する。

経営者・チェンジリーダーに必要な「人」についての洞察力

「人起点」での変革に向けては、「人」を正しく理解することが第一歩となる。顧客、従業員、あらゆる生活者の価値観が多様化する中で、これまでのマーケティングや従業員エンゲージメント、ステークホルダーとのコミュニケーションだけでは、複雑化・多様化する価値観を正しく理解することはますます困難になってきている。

このような課題解決に挑戦するため、リッジラインズは2022年、人の本質的な価値観と行動を捉えるための研究機関「Human & Values Lab.®（ヒューマン・アンド・バリューズ・ラボ、以下H&Vラボ）」を立ち上げた。H&Vラボの狙いは「人が意識的に大切にしている価値観（Human Values＝ヒューマンバリューズ）の変化とその影響力」を探求することにある。

私たち一人ひとりの人生における行動や意思決定は、それぞれの個人が持つ「価値観」に大きな影響を受けている。この価値観は、人が根源的に持っている欲求や本能が、環境の変化や時代の影響を受けて表出してきた行動の原動力ともいえるだろう。

情報が氾濫《はんらん》、複雑化し、目まぐるしく変化している中で、今や誰もが共通して知っている情報というものはなく、一人ひとりの感性や関心、置かれている環境によって得られる情報の量も質も大きく異なっている。そのため年齢や性別、居住地といった従来の属性情報を基に分析を行っても、人々の行動や意識の変化についての前提条件にバラツキが生じている可能性が高く、意味のあるインサイト（洞察）を得ることが困難になっている。

更に、ここ数年のコロナ禍に直面して世界の人々が体感したのは、社会情勢が急激に変化し、半ば強制的に人の行動様式や価値観を大きく変化させてしまうということだった。リッジラインズが21年に実施した日米での価値観調査「Human & Values® Report」では、コロナ禍の中で強く求められた「安全で健康に過ごしたい」という価値観を重視する傾向が明確に認識されると同時に、「個人の自由を大切にしたい」という価値観への強い意識も明らかになった。これは、翌22年の調査でも変わらず高い数値を示している。

最新の価値観調査「Human & Values® Report 2023」では、これまで市場原理や社会の仕組みによって抑え込まれてきた原動力を奮い立たせ、「オーナーシップを持って自律的に行動しよう」「自分らしく生きよう」と、新時代を切り拓く変革者の一群を「The New Humans（ニューヒューマン）」と名付けている。調査レポートでは人々の行動を時間軸と動機軸で4つに区分し、ニューヒューマンの価値観に基づく内発的かつ中

図6-1　持続的な行動と価値観の関係性

動機
内発的動機
外発的動機
時間
短期的行動
中長期的行動
感性に訴える
情緒的価値による行動
驚きや喜び、悲しみや恐怖など、人々の感情による一次的で瞬間的な行動
例:「五感に訴える広告による衝動買い」
「部下に対する感情的な発言」
The New Humans
持続性の高い
価値観による行動
生きていく上で原動力となる、長い人生で培った意識的に大切にしている価値観に基づく持続的な行動
例:「地球環境のためのエシカルな消費」
「心を整えるためのマインドフルネス」
生活する上で必要な
機能的価値による行動
日常を安全かつ快適に過ごすために必要なモノやサービスによって提供される機能的な価値による行動
例:「高性能かつ省電力な家電の購入」
「通勤が不要なオンライン会議サービスの利用」
外部から与えられる
人為的な刺激による行動
評価や賞罰、強制など、外部から与えられたインセンティブや負の方向の意識付けによる行動
例:「ポイントをためるための囲い込み消費」
「評価や給与を上げるための残業」

出典：Ridgelinez

長期的な「持続性のある行動」をリサーチ結果から解析した（図6－1参照）。そして経営者・チェンジリーダーに対し、持続性の高い事業や組織への変革の要諦となる人々の行動について考察している。

多くの商品やサービスが短期間に大量生産・消費されて捨てられていく社会は、持続的＝サステナブルとはいえない。サステナブルな社会や事業を目指すための変革がより重要視される中で、人々の多様な価値観を原動力として持続性の高い企業活動に繋げていく

「インサイト」を引き出していくことの重要性がますます高まっていくと、リッジラインズは考えている。

「H＆Vラボ」で明らかにしたこれからの人々の価値観

そこで開発したのが、人の価値観を14の側面から捉えたフレームワーク「Human & Values Framework（以下、H＆Vフレームワーク）」である。

リッジラインズでは価値観（Values）を「人生の様々な場面で行動や意思決定に大きな影響を与える、人が意識的に大切にしているもの」と定義している。例えば、人々が「何によって持続的に行動するのか」を考えるとき、そのベースにあるのは個々人が持つ価値観である。価値観は、潜在的・無意識的な「欲求（Needs）」から様々な人生の局面を経て形成され、「変化を促進したり抑制したりする長期的な影響を及ぼす要因」であるドライバー（Drivers）の影響を受けて、人々の行動（Behaviors）を引き起こし、多様な事象（ムーブメント、サービス、トレンド、シグナルなど）を社会に生み出していくと分析している（図6－2参照）。そして人の価値観は、時代と共に少しずつ変化・

図6-2　人の行動を理解するための価値観の位置付け

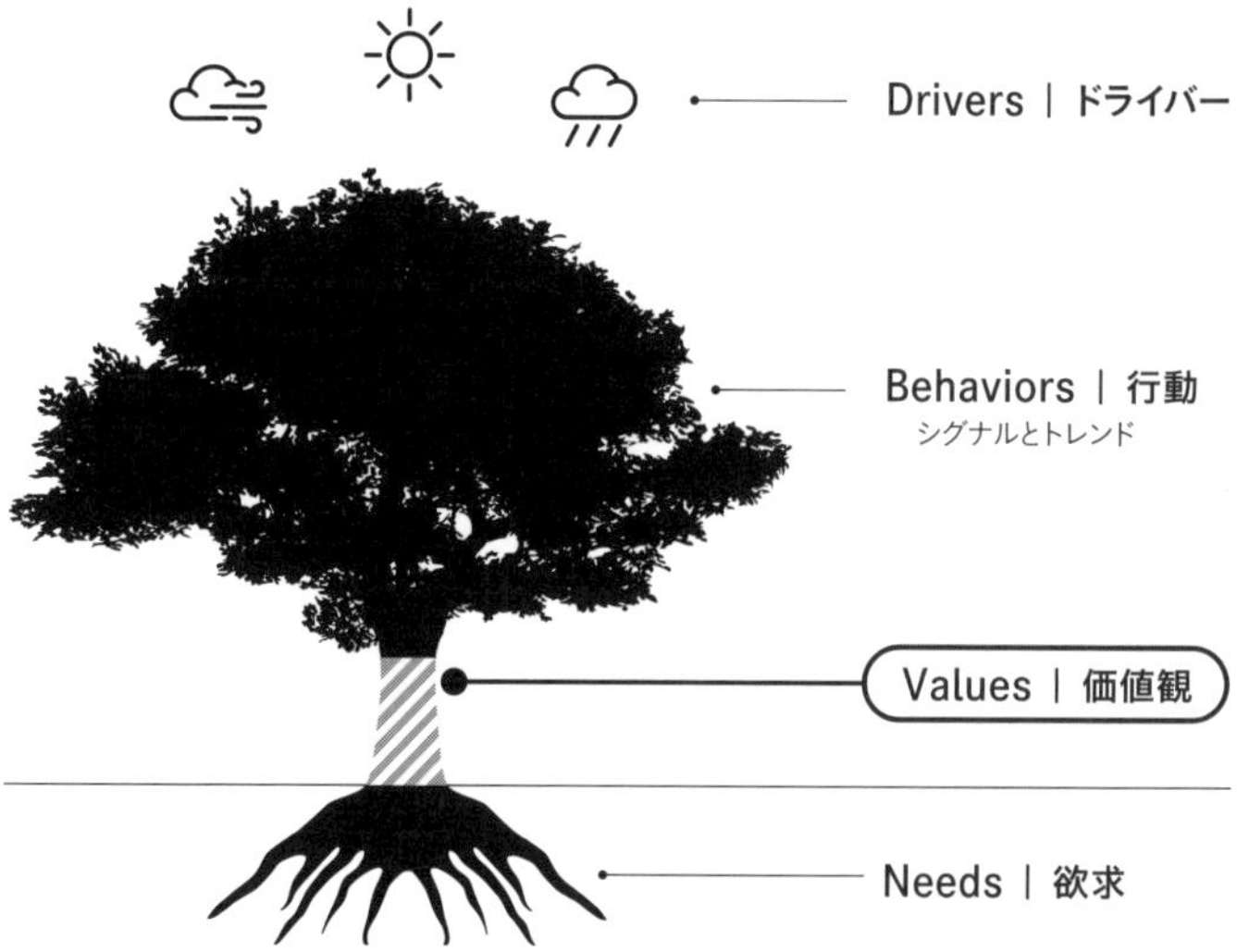

出典：Ridgelinez

成長していく。

それらの価値観を「安全で健康に生きたい」「休息したい」「愛着を持ちたい」「好奇心を満たしたい」など14に分類したものが、「H&Vフレームワーク」である。

14の価値観それぞれについて、「現時点での自分が重きを置いている」ものを、「意識している」「基準値」「意識していない」の度合いで計測したものを円グラフにプロットして、価値観の分布特性を人が直感的に理解できるような有機的なグラフィックとして視覚化した（図6－3参照）。

図6-3 Human & Values Framework（14の価値観）

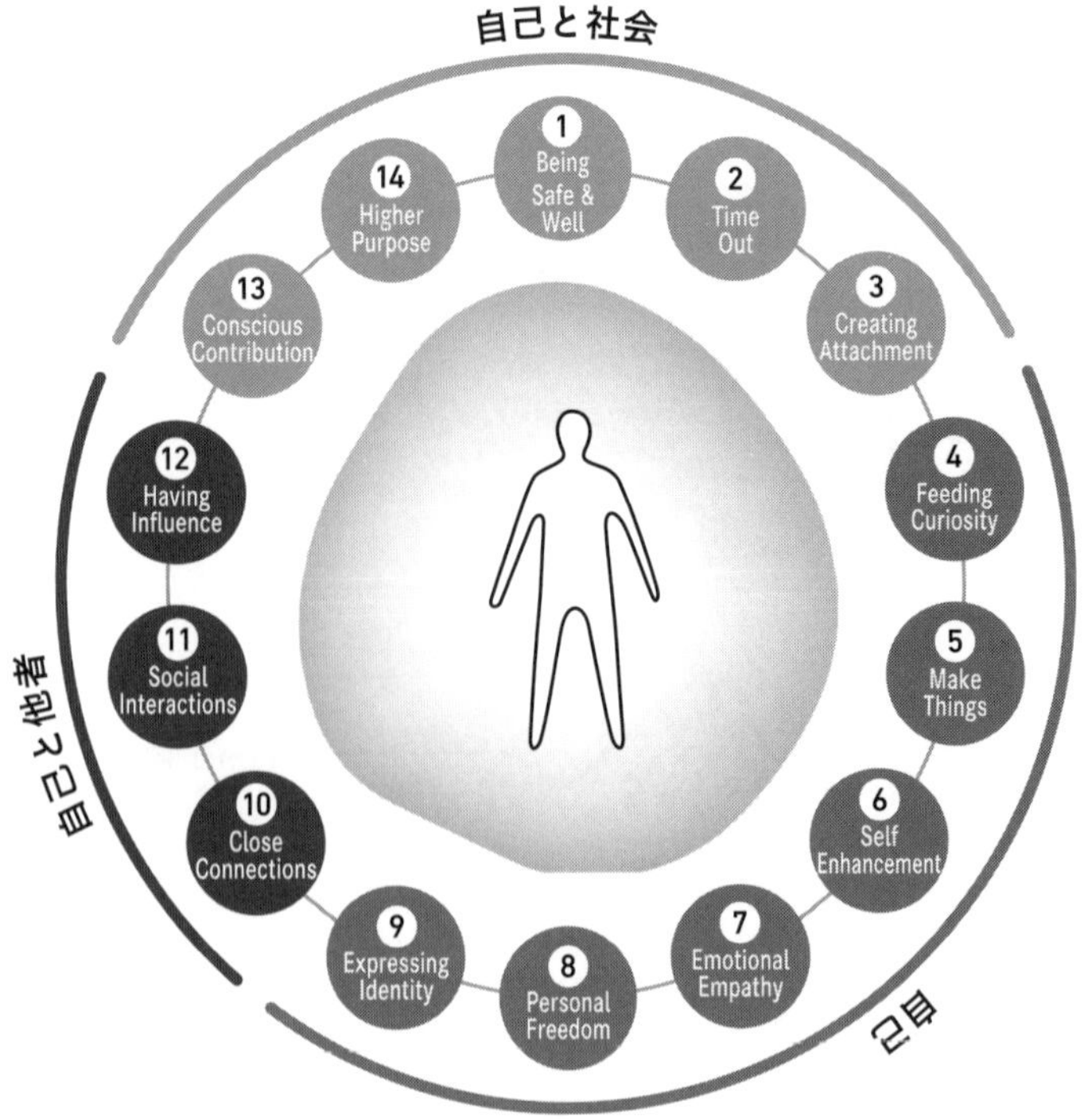

自己と社会	自己	自己と他者
①安全で健康に過ごしたい	④好奇心を満たしたい	⑩親密な関係を築きたい
②休息したい	⑤創作したい	⑪社会と交流したい
③愛着を持ちたい	⑥自己を強化したい	⑫影響力を持ちたい
⑬恩返ししたい	⑦共感したい／されたい	
⑭高い目的を持ちたい	⑧個人の自由を大切にしたい	
	⑨自分を表現したい	

出典：Ridgelinez「Human & Values 2023 Annual Report」

14ある価値観は、「自己（青）」「自己と他者（赤）」「自己と社会（緑）」に対する価値観を示すもので、円グラフの中心にある領域の形状によって「青赤緑」のグラデーションで表現される。その人の人生の様々な場面で行動や意思決定に大きな影響を与えている価値観をビジュアライズするものだ。

この「14の価値観（14 Values）」は、米国人社会学者のシャローム・H・シュワルツ（Shalom H.Schwartz）氏が考案した「価値観の構造モデル」を、リッジラインズが独自に応用・発展させたフレームワークだ。

新レポート「Human & Values® Report 2023」では、2022年10月に実施した日本全国の18～70歳の5000人に対するアンケート調査を通じて、価値観と持続的な行動との関係性を分析した。調査結果から得られた価値観に対する意識の傾向を基に、特徴的な5つのクラスターを導き出し、それぞれのクラスターが示す象徴的なビヘイビア（左記のカッコ内）についてもまとめた。

- クラスター1　影響力を持つための社会交流（多世代コミュニティとの交流／テクノロジーを活用した新たな領域の創作／仮想空間での交流）

・クラスター2　親密で信頼できる身近な幸せ（自身での意思決定を重視して生活／フードロス削減への貢献／信頼できる人を介した利用）

・クラスター3　実感できる繋がりのある暮らし（応援のための投資／コミュニティ毎の複数の自分／安心して発言し合える気遣いへの意識）

Cluster-4

高い目的や信念の探求

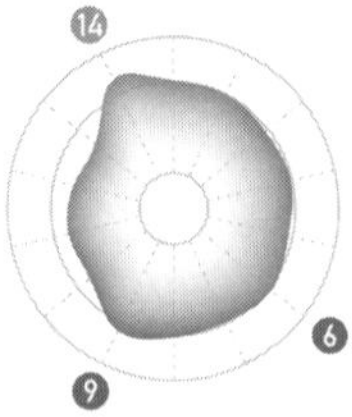

人数比率 **18.8%**

関連性が高い価値観

14 | Higher Purpose
9 | Expressing Identity
6 | Self Enhancement

象徴的なビヘイビア

・自己成長のための副業
・環境問題解決のための活動に参加
・遠隔地に居住する働き方

・20代以下（31.6%）、30代（21.6%）
・オピニオンリーダーへの賛同
・自己研鑽としての勉強や副業、グリーンテックへの高い関心

Cluster-5

何者にも縛られない自己投資

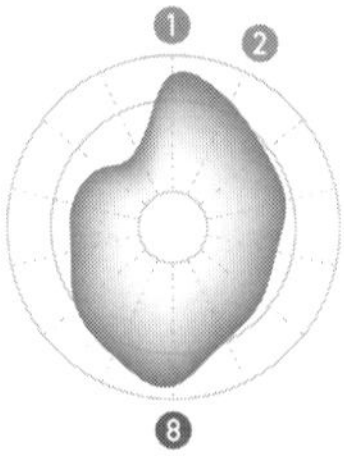

人数比率 **22.1%**

関連性が高い価値観

8 | Personal Freedom
1 | Being Safe & Well
2 | Time Out

象徴的なビヘイビア

・自分の気持ちに素直でありたい
・自分のモノサシで選ぶ
・未来投資としてのお金の勉強

・60代以上（31.4%）、50代（19.7%）
・自分自身で意思決定
・投資による積極的な資産形成と交際よりも自身の趣味を楽しむ意識

図6-4 5つのクラスターとニュービヘイビア

Cluster-1

影響力を持つための社会交流

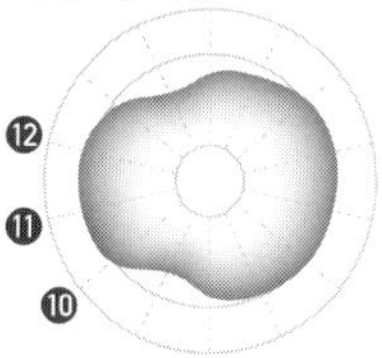

人数比率**16.5**%

関連性が高い価値観

12 | Having Influence
11 | Social Interactions
10 | Close Connections

象徴的なビヘイビア

- 多世代コミュニティとの交流
- テクノロジーを活用した新たな領域の創作
- 仮想空間での交流

- 20代以下（45.2%）、40代（15.9%）
- 流行や新規性による影響力
- 多世代コミュニティへの参加や交流目的によるVRの活用

Cluster-2

親密で信頼できる身近な幸せ

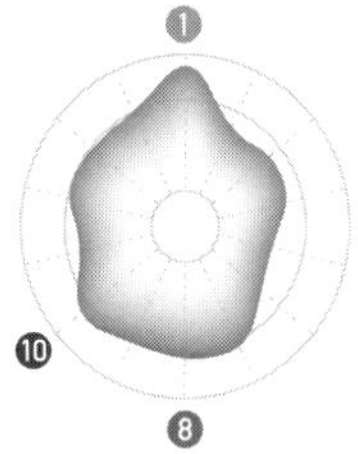

人数比率**20.0**%

関連性が高い価値観

1 | Being Safe & Well
8 | Personal Freedom
10 | Close Connections

象徴的なビヘイビア

- 自身での意思決定を重視して生活
- フードロス削減への貢献
- 信頼できる人を介した利用

- 60代以上（32.4%）、20代以下（19.4%）
- 家族のウェルビーイング
- フードロスなど手の届く範囲での社会課題に関心

Cluster-3

実感できる繋がりのある暮らし

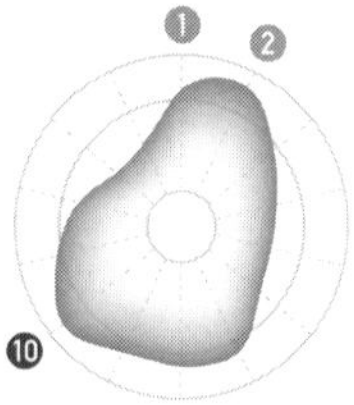

人数比率**22.6**%

関連性が高い価値観

10 | Close Connections
2 | Time Out
1 | Being Safe & Well

象徴的なビヘイビア

- 応援のための投資
- コミュニティ毎の複数の自分
- 安心して発言し合える気遣いへの意識

- 20代以下（28.7%）、60代以上（25.6%）
- 人との関わりと共感
- 好きな人や関係構築への積極投資と心理的安全性への配慮

出典：Ridgelinez

- クラスター4　高い目的や信念の探求（自己成長のための副業／環境問題解決のための活動に参加／遠隔地に居住する働き方）
- クラスター5　何者にも縛られない自己投資（自分の気持ちに素直でありたい／自分のモノサシで選ぶ／未来投資としてのお金の勉強）

同レポートでは、各クラスターに関する価値観を重視する人々が、組織やサービスに何を求めるか、また企業や組織が着目すべき行動特性についての洞察をまとめている。

例えば、「親しい人との関係性」を重視するクラスター3の属性が強い人たちには、「自己よりも他者を重視し、親しい人や信頼できる人との関係性を深めることができる環境」が必要になる。このクラスター3は女性比率が高く、専業主婦や学生の割合も高い。プライベートな安心感を求め、人付き合いや交際に積極的で、他者との幸せな時間を大切にし、他者との関係性を深めるための出費を有意義だと感じる傾向が顕著だ。

また、「個人の自由と自身での判断」を重視するクラスター5の属性が強い人たちには、「自分の意志で判断できる自由さと、将来を見据えた合理性」が必要になる。このクラスター5は50代・60代の会社員や定年を迎えた世代の割合が高い。流行に左右されることなく自身の評価軸で意思決定し、経済や金融の学習を欠かさず、将来を見据えた合理的な人生設計や経済活動を行う、という行動特性を持っている。

こうしたラボでの研究成果を通じて、新たな顧客や従業員を理解する行動変容モデルをクライアント企業と共に見つけ出し、持続的な事業や組織をつくっていく様々な活動が始動している。

「H&Vフレームワーク」を自社の商品企画や戦略策定に活かす

この調査結果をレポートとして限定的に公開し、経営者・チェンジリーダーたちに紹介したところ多くの関心を寄せていただき、H&Vラボを見学される企業の経営者や執行役員級の幹部は200人を超えた。そして、そのうちの約90%が「人の価値観」に基づく〝行動の原動力〟についての分析を高く評価し、共感を示してくれた。その結果として、様々な業界とのコラボレーションが始動しており、グローバルなコンテンツ配信業界や保険業界、自動車業界、素材メーカー、大手通信キャリアなどと「H&Vフレームワーク」を活用したプロジェクトが既に実施されている。

図6－5はリッジラインズが提唱するH&Vの活用アプローチだ。H&Vのデータベースと分析のノウハウを活用することで、持続的な行動の原動力となる価値観データと顧客や働き手の行動データによって新たなクラスターを定義することが可能になる。そしてクラスターごとのホットボタン（行動を促す真の動機）を導き出して行動変容モデルを構築することで、従来のデモグラフィック（人口統計学）に基づくセグメントではわからなかったポテンシャルカスタマーの母数をクラスターから把握し、それぞれのクラスターに向けた精度の高い行動変容施策をデザインすることが可能となる。

更には自社独自のパーパスやアイデンティティを掛け合わせて、顧客や働き手を魅了するコミュニケーションの在り方、サービス施策を実存するクラスターと共にアジャイルにプロトタイピングする。その結果データを基に行動変容モデルとH&Vのデータベースを更新していくことで、人々の変化に寄り添い進化し続けるサービスや組織を設計することが可能になる。

例えばコンテンツ配信業界では、「人の価値観が変わっていく将来、どんな内容・ジャンルのコンテンツが求められるようになるか」という未来分析レポートを作成し、映像コンテンツのディレクターとの未来コンテンツづくりの新しい協業の形が模索されている。また、あるラグジュアリーブランドでは、中長期での自社ビジョン策定にあたって50年以上もの将来を見据えて人々が宝飾品やブランドに対してどのような価値を見出し、どのような購買行動をするのかを検討する未来創出プロジェクトが始動しており、「H&Vフレームワーク」を活用して人々が求める幸せの在り方の変化を分析し、未来の事業やサービスのビジョンを描く試みが実施されている。

このように、「H&Vフレームワーク」を活用することで自社の商品やサービスの企画を行う際や、中長期的な視点から顧客の課題を捉え価値提供のロードマップを検討する際などの、戦略策定のプロセスに人の価値観の変化を組み込むことが可能になる。更には、顧客だけでなく、従業員の価値観をも捉えた上での組織戦略やHR施策を検討するプロジェクトも始動している。様々な変革に伴って変わり続けていく組織の中で、従業員の本音を具体的に理解することは非常に難しい。スキルと同様の影響力を持つパフォーマンス因子としての「価値観」の分析を通じて、自社の従業員に今後求められるであろう「行動変容」の方向性を提言し、彼らのパフォーマンスを最大化することを目指したプロジェクトも始まっている。

リッジラインズは個人の価値観の多様性に着目し、中長期的で内発的な動機から利用

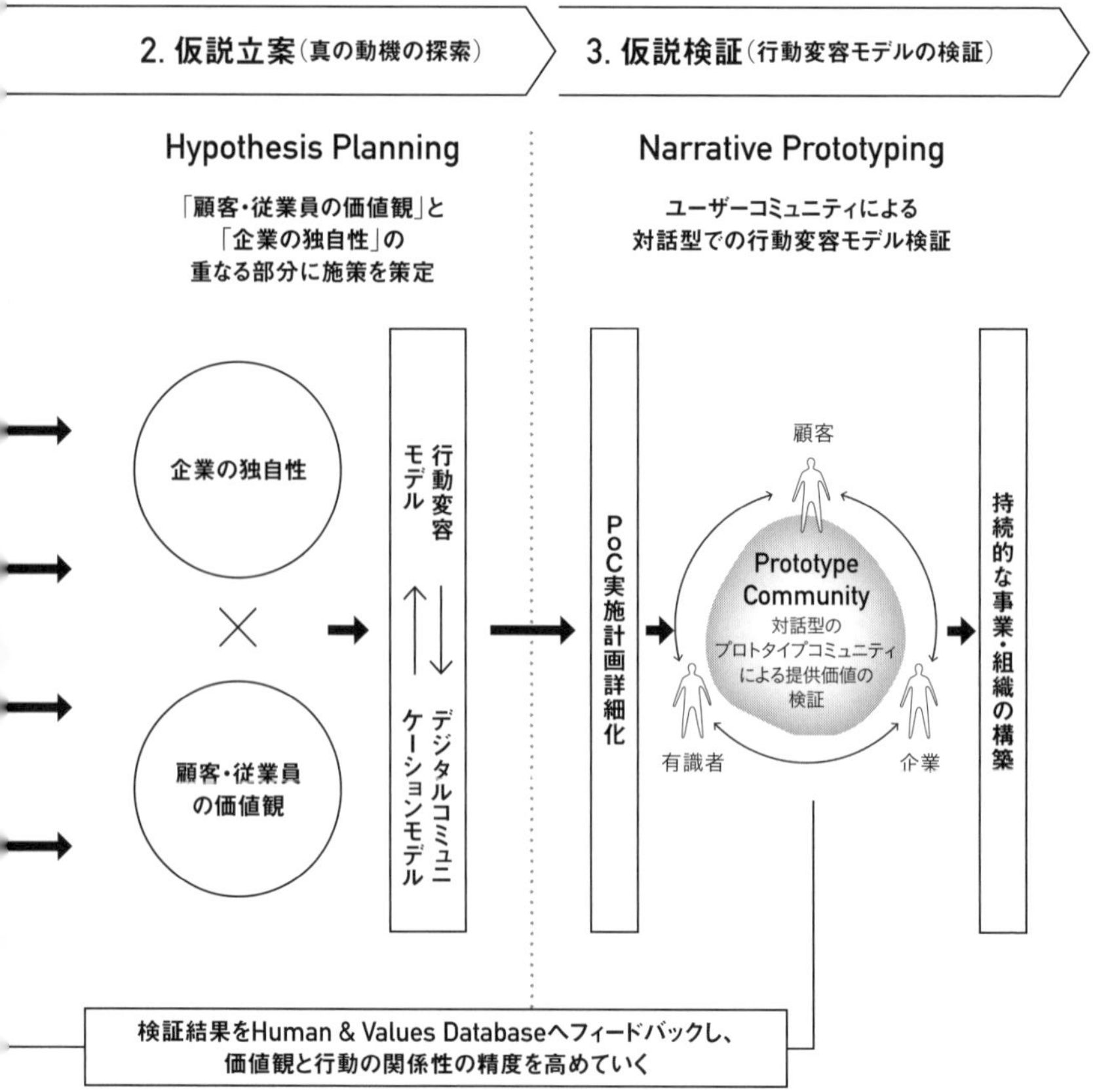

2. 仮説立案（真の動機の探索）
3. 仮説検証（行動変容モデルの検証）
Hypothesis Planning
「顧客・従業員の価値観」と
「企業の独自性」の
重なる部分に施策を策定
Narrative Prototyping
ユーザーコミュニティによる
対話型での行動変容モデル検証
企業の独自性
顧客・従業員
の価値観
行動変容
モデル
デジタルコミュニ
ケーションモデル
PoC実施計画詳細化
顧客
Prototype
Community
対話型の
プロトタイプコミュニティ
による提供価値の
検証
有識者
企業
持続的な事業・組織の構築
検証結果をHuman & Values Databaseへフィードバックし、
価値観と行動の関係性の精度を高めていく

図6-5　新たな顧客理解と行動変容モデルから、持続的な事業・組織をつくる

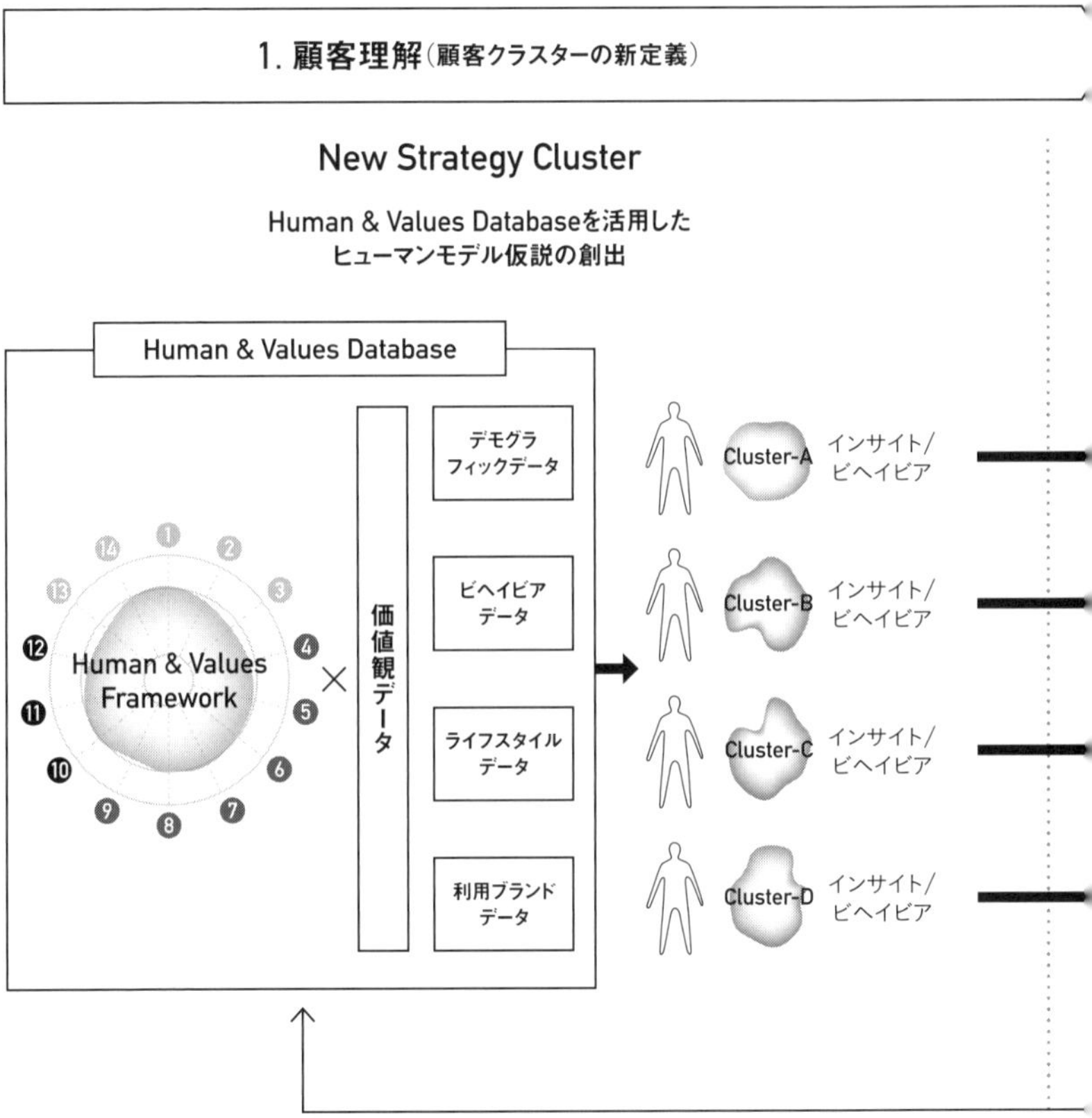

出典：Ridgelinez

されるサービスや製品を提供していくことがサステナブルな社会の実現に有効であると考えている。個々人の価値観を捉えて適切な施策を講じることで「個人と個人」「個人と企業」が互いに共鳴し合い、より大きな効果をもたらすことが期待できる。今、企業に求められているのはそれらの関係性に着目することであり、それがサステナブルな社会を構築するためには極めて重要ではないかと考える。価値観で共鳴した人や組織が自律分散的に繋がることができれば、より強固かつしなやかで持続性の高い組織や社会がつくられていくことだろう。

ミクロな個人からマクロな世界まで、人々の内面とその繋がりを形成する価値観を捉えて、これからの社会をつくっていくことに寄与できないか。H&Vラボは人々の変革への原動力を引き出し、持続的な行動を捉えるため、個々人が人生観や経験値によって意識的に大切にしている「価値観」をフレームワークに沿って可視化し、定点観測を可能にすることで、サステナブルなビジネスへの進化を支援していく。

人の行動変容を促し、社会課題に対応する場としてのメタバース

こうした人起点の変革を支援するため私たちが重視するのは個人や企業はもちろん、社会がどのように変化していくか、未来を洞察し、その仮説をいかに検証していくかということだ。

リッジラインズは「人起点」で理想とすべき社会やライフスタイルの仮説をプロトタイピングする取り組みを行い、企業の新規事業開発や既存事業の変革、従業員の行動変容にどのように取り入れることができるかの検証を続けている。

そこでは人を起点とした中長期的な視点で日本を変革できるような日本初の理論、ソリューションを生み出すために各分野の先端的な研究者や実践者（スタートアップ含む）と連携しながら、新しいテクノロジーやフレームワークを率先して取り入れ、それらを活用した野心的かつ実験的なプロジェクトを複数、推進している。その中で着目している領域の1つが「メタバース」だ。

急速に広がりを見せるメタバースの応用分野

メタバースは主にゲームやエンターテインメントの中で使われる技術だ。ゲーム以外の用途になかなか広がらない最大の理由として、3D空間を表現する技術や膨大なデータ容量をリアルタイムに処理する技術が未成熟で、リアル空間と同等の仮想空間の創出ができないことが挙げられる。非日常な余暇を過ごすならばアニメ調の空間でも構わないが、日常的な職場や生活の場としては適していない。リアルと同様のコミュニケーションが成立しないのであれば、リアルのままでよいということにもなろう。

しかし、ここ数年でのバーチャルリアリティ技術の進展はめざましく、リアルと違わない仮想空間・仮想体験の創出は十分に可能になった。普及の可能性はここにきて一気に高まった。現在、メタバースの利用は、仮想ショッピングモールや観光地における移動時の車内の観光施設案内などでは既に実現しており、今後は、医療、教育、介護・福祉などの産業や生活の様々な局面で、従来のやり方では対応できなかった社会課題に対応するもの、また新しいコミュニケーションを創出するものとして、利用が大いに期待されている。

例を挙げれば、工事現場や工場生産ラインなどでは、熟練技術をシミュレーションによって習得できるほか、危険な作業を仮想空間上で行ってトレーニングするといった場面での利用可能性がある。それまで人の力に頼るだけだった技術の継承や作業時の安全対策にしても、メタバースの利用で効率的かつ正確に行うことが可能になってきている。

メタバースの最大のメリットの1つは、居ながらにしてリアルに会うのと同等の対面コミュニケーションができることだが、これは移動時間の短縮による効率化だけでなく、二酸化炭素の排出抑制の効果もある。つまりサステナブルな技術でもあるということだ。また現状、オフィスもエンターテインメント施設も都市部に集中していることが地方の衰退の理由の1つだが、仮想空間が普及してリアルと同様の体験・サービスが可能になれば、地方の過疎化にも歯止めがかかる可能性がある。

メタバースは医療分野での応用も期待されている。手術のシミュレーションや技能取得、そして遠隔地医療のソリューションだ。メタバースを使った診断だけでなく、技術が進めばメタバースやアバター、遠隔操作技術などを合わせて、革新的な医療行為も可能になるかもしれない。また教育分野も同様である。何らかの事情で学校に行けない子どもに、学校と同じメタバース空間をつくり、授業を受けるほか、学友とコミュニケーションが取れるようになる可能性もある。

「人間拡張技術」にも触れておくべきだろう。デバイスを身に着けることで身体能力が向上するというもので、障害の有無や年齢、性差に関係なくスポーツを楽しめる、競い合えるようになったりする。またピアノを弾けない人にピアノを弾く感覚を体験させる拡張技術もある。これは、ピアノが弾けない人が専門のデバイスを装着すると、ピアニストが弾くのに合わせてデバイスに指令が行き、弾けない人の指を自動的に動かして弾けるようになるという仮想拡張技術だ。実用化されれば、楽器技能習得の在り方も変えてしまうかもしれない。

仮想空間におけるリアリティ抽出のポイント——感覚をハックする

諸分野で応用が期待されているメタバースだが、成功と普及の可否を握るのは、やはり3D空間表現技術やリアルタイムなデータ処理技術の進展により、いかにして「リアリティを創出できるか」にかかっている。先にも述べたが、リアルと同様の体験ができてこそ、そこに新たなコミュニケーションが生まれ、日常的な生活の場として人々が仮想空間を訪れるようになるはずだ。

このリアルと同じ状態をつくる技術は、現時点で2つの方向性がある。1つは「デジタルツイン」と呼ばれる、リアルを忠実に写像していく技術である。日本で研究が進んでいるのもこの分野であり、現在はシミュレーションなどでよく用いられている。

しかし、デジタルツインにはデメリットもある。忠実な写像はデータ量が膨大になるため、コストも膨大になる。そのため製作のハードルが高く、現状では公共プロジェクトや、大企業の協業による大規模プロジェクトで使われていることが多い。

例えばメタ空間で、医療における手術などのシミュレーション、現場での危険な作業を含む技術のレクチャー、都市計画や道路交通網のシミュレーションなどを行う場合、こうした社会課題分野のソリューションには、リアルの忠実な写像は確かに必須である。現実と瓜二つであればこそ、シミュレーションの価値がある。

一方で、人間の感覚・体験に特化した分野においては、瓜二つの仮想現実である必然性はない。バーチャルオフィスでの同僚とのコミュニケーションや、スポーツを楽しむ体験、あるいはライブハウスやエンターテインメント施設での体験などでは、リアルに経験していると人が「錯覚」できればよいのだ。

人にはリアルに感じる、「五感のポイント」（無意識の情報選択）がある。そのポイントを強調することで、他の部分はリアルでなくても、十分にリアルと認知させることができる。つまり、リアルであると錯覚させる技術である。私たちリッジラインズが取り組んでいるのも、こちらの技術の探索だ。

『錯覚の科学』（クリストファー・チャブリス、ダニエル・シモンズ著、文藝春秋）という書籍でも紹介されているハーバード・メディカル・スクールの実験をご存じだろうか。5枚のレントゲン写真を用意し、放射線技師にがん細胞を見つけてもらうというものだ。1〜4枚には、5〜10カ所程度のがん細胞が隠されていて、5枚目にはがん細胞はないが、その代わりにレントゲン写真に、小さなゴリラの写真を埋め込んだ。その上で、放射線技師24人に対してこの実験をしたところ、なんと20人までもが、5枚目のゴリラの写真に気がつかなかったというのである。がん細胞を見つける優れた技能を持っているはずの彼らは、がん細胞を見つけることにばかり注視していて、関係のないゴリラの写真を見過ごしてしまったというわけだ。

このように、人は提示されたもののすべてを見ているわけではない。無意識に情報を取捨選択して、ものを見ている。その無意識のポイントを強調し、錯覚によって認知させる。人間の感覚や感性に訴えることを目的とする分野においては、この方式で十分リアリティを実現できる。

リッジラインズでは、これらの無意識の情報選択のことを「感覚をハックする」「錯覚のリアリティ」と表現している。「Ridgelinezメタコミュニケーション®ラボ」では、前述のような考え方で、プロトタイプによる仮説検証を重ねながら、人間がリアルに感じるポイントの解析に取り組んでいる。

例えば、衣服の素材・質感や、ひらひらした手触り感に着目し、現在、３Dで実物に近いものの再現に成功している。これらが実現できれば、メタバース空間上での衣類の試着なども夢ではない。衣類は購入にあたり、試着というステップを経ることが多いため、メタバース上で気軽に購入できるまでには至っていないが、その人のサイズに合わせたアバターを作成しメタバース上で衣類の試着ができる日もそう遠くはないだろう。

また野菜の重さをバーチャルに体験するプロトタイピングも行っている。バナナの重さ、スイカの重さ、その違いをバーチャル上で体験してもらう。スイカの持ちにくい重さをバーチャルで体験してもらうためには、視覚の錯覚を使うことで表現できると考える。錯覚で物理的制約を超えるのだ。

リアルと違わない重さや質の体験ができれば、ショッピングの概念も根底から覆すことになるかもしれない。現在、リッジラインズでは、その他の様々な業界（アパレル、飲食、小売など）と組み、お客様とプロトタイピングを繰り返しながら、センシング情報と価値観情報を組み合わせたモデルに取り組んでいる。

なお、現在この「錯覚」を利用する技術は研究が進んでおり、各企業がオリジナリティ溢れるリアリティを創出している。例えば、2022年にロンドンで開催された「ABBA Voyage」では、1970年代に世界中でブームとなったスウェーデンのポップグループABBAが再集結したが、正確には70年代の容姿に戻った彼らのアバターによる3DCGコンサートだった。バーチャルであることを感じさせない完成度が話題になったが、そのリアリティを与えていた要素の1つが髪の揺れであったという。人はまず顔を見る。顔の動きや表情の微細な変化をデリケートに感じ取り、顔に違和感を持つと、本物と認識できなくなる。しかし、身体に対しては顔ほどデリケートに認識しない。人間がリアリティを感じるポイントを押さえ、そこを強調し、本物と区別のつかないアバターを創出することに成功した良い例である。

メタバースのその先に生まれるメタコミュニケーション

これからメタバースはどうなっていくのだろうか。

現在、メタバースはまだ〝黎明期〟にあり、技術もまた、それぞれがバラバラに存在しているが、デジタルツインを基調に、前述の「錯覚のリアリティ」などの技術が融合していくだろう。錯覚のリアリティ技術は、コストも抑えることができるので、参入企業も増えていくはずである。

リアルと違わないバーチャル空間、映画「マトリックス」のような世界が日常に普通に実現するのは、早ければ2030年ともいわれる。メタバース体験用の部屋ができ、そこに入ったら仮想世界に行けるというようなものは、それよりも早く実現するだろう。

また現状、メタバース体験に対するハードルを上げているのは、VRゴーグルなどデバイス装着が必要なことだが、デバイスを伴わない形でもいずれ実現していくはずだ。

現在のメタバースは「視覚」を主軸としたものが多く、「聴覚」がそれに続くが、近年は「触覚」や「嗅覚」へのアプローチも進んでいる。「味覚」はもう少し先になるが、研究は始まっている。

図6-6 メタコミュニケーション®

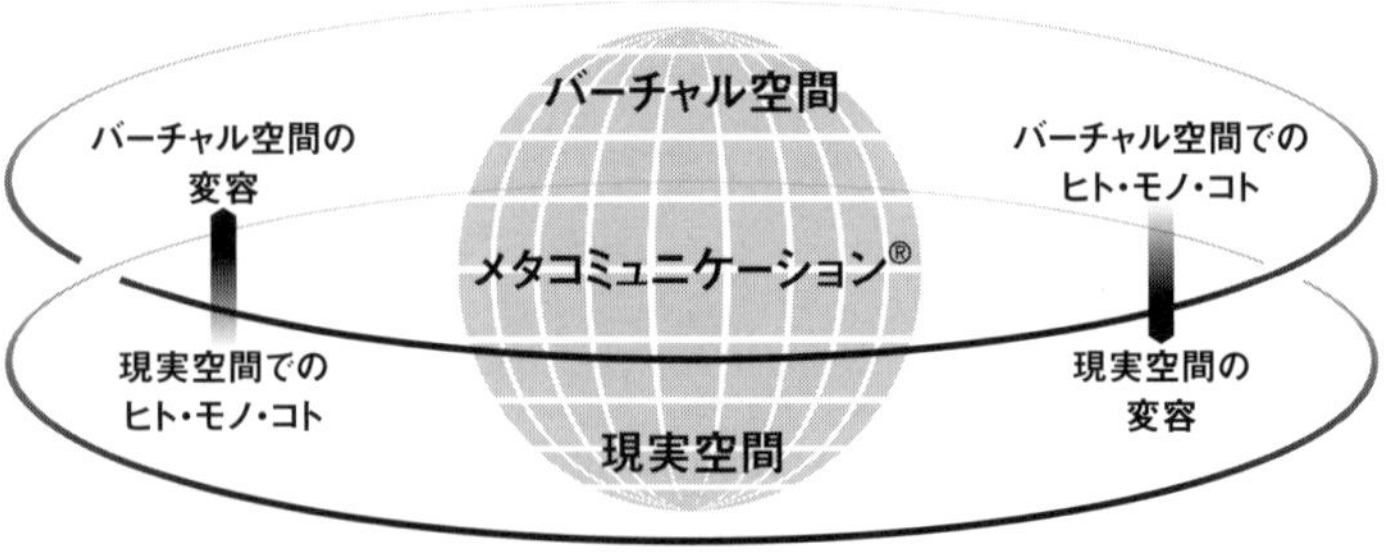

※「メタコミュニケーション®」はRidgelinezの登録商標です
出典：Ridgelinez

こうしてメタバースが私たちの日常に普及していくと、コミュニケーションは根底から変わっていくはずだ。リアルのコミュニケーションとリアルの延長にあるコミュニケーション、そして仮想現実にしか存在しないコミュニケーション、それらの融合といった様々なコミュニケーションの形態が生まれるだろう。その最終形を私たちはメタコミュニケーション®と名付けている。

そこでリッジラインズでは、メタコミュニケーションをベースにしながら、これらの解を見出すべく、企業としてのありたい姿（ビジョン）を策定し、その姿を実現するための戦略立案、価値や体験のデザイン、テクノロジーの検討を同時に実行し、アジャイル型でプロトタイピングを行い迅速な仮説検証を実行する支援を続けている。

例えば、ＮＴＴドコモが23年２月にβ版サービスを開始した新たなメタバースサービス「MetaMe™（https://lp.metame.ne.jp/）」の構想の立ち上げを支援し、次世代のコミュニケーション体験を共に描いた。このプロジェクトでは利用者の価値観を反映できる自分らしい空間を表現できる「Identity World（アイデンティティ・ワールド）」と、コミュニケーションの場となる「Community World（コミュニティ・ワールド）」の２つの概念から構成され、ありのままの自分を表現できる現実世界よりも居心地の良いアイデンティティの世界と、そのアイデンティティを起点に人々が自然に繋がることで新たなコミュニティが生まれていく世界を構想した。

この世界では、人々が自らのアイデンティティとしての価値観を初対面の人でも理解できるようにオーラとしてまとうことで、コミュニケーションのハードルを下げて会話の精度を高められる。また価値観のマッチングによって見知らぬ人々や新しいコミュニティと出会うコミュニケーション体験をデザインし、ＮＴＴドコモのアイデンティティともいえる「コミュニケーション」に立ち返った新たな世界をアジャイルに開発した。

こうしたビジョン構想から体験を描くと同時にバーチャル空間をデザインし、ビジョン

図6-7 新たなメタバースサービス「MetaMe™」

「MetaMe™」の2つの構成要素

新たなつながりを結ぶメタコミュニケーション「MetaMe™」

「MetaMe™」の価値観を表現するオーラ

出典：NTTドコモ

を実際に体験できるレベルに具現化したプロトタイピングのファーストトライアルを3カ月で実現した。

個々人の価値観や目的を起点に新しい経済圏が生まれる

私たちがプロトタイピングを通じて重点的に検証を進めたのは、「個のアイデンティティ」を起点に人々が繋がり合う価値の未来だ。

前述の「H&Vフレームワーク」を活用しながら、個人の価値観を起点にしたメタコミュニケーションにおける行動をデザインし、その仮説検証を同時進行で利用者と共に進めていく。それにより現実世界よりも柔軟かつよりダイナミックに、繋がり合うコミュニケーションと共感や貢献を通じた価値交換を実現する新たなビジネスの可能性の模索が始まっている。

リアルな現実世界のほかに、その現実とシームレスに繋がった仮想現実空間＝メタバースが登場すると、ビジネスの未来はどうなるのか。メタバース上では既に参加者同士が新しい価値の交換＝販売や購入、投資やデジタル資産の所有といった活動が可能であり、全く新しい経済圏が生まれていく。物理的な影響を受けないため、国境をまたいで広がり、制限のない市場を形成していくだけでなく、メタバース同士が相互に繋がり、そこでコンテンツや資産を移動することが可能になることで、経済圏が連携していくようにもなるだろう。Ｗｅｂ３にグローバルリーダーの注目が集まっている理由は、前述のメタバースの持つ現実世界の制約を超えたチャレンジが可能な側面と、ブロックチェーン技術の持つ分散性が相まって、あらゆる分野の社会課題の解決に繋がる可能性にあるといえよう。

社会課題の解決に向けて富士通（Fujitsu Web3 Acceleration Platform）やＮＴＴドコモ（Web3 Enabler）がＷｅｂ３の基盤技術を整備・提供していく方向性を発表するなど、今後業界のリーダーがＷｅｂ３のもたらすパラダイムシフトを加速させていくと考えられる。

私たちがメタバース上に広がる新たな世界と経済を考える上で重要と考えるのは、バーチャル空間での体験のみに着目するのではなく、現実空間が折り重なる空間も含めて、自律分散化していくこれからの社会において、人を起点にあるべき社会や街、企業とのコミュニケーションを描き、どんな新しい関係性やコミュニティ、コミュニケーション、経済圏が生まれていくかをデザインするか、ということだ。

メタバース事業開発を加速する上で、ブロックチェーンを中核技術に据えた各種プラットフォーム開発も重要な要素となる。ブロックチェーンが持つ分散性、直接性などの特徴を活かして、製造業、街づくり、エンタープライズ運営、決済など多様な領域におけるこれからのコミュニティの醸成やサービスの構築が可能になると考え、Ｗｅｂ３の社会実装に繋がるプロトタイピングを複数手掛けている。

リッジラインズはこうした人起点の変革を実行するためのＨ＆Ｖラボによる独自の先見性や、現実世界とメタバースの境界のないコミュニケーションから生まれる新しい街づくり、また経済圏となり得る自律分散型の社会の実現に向けて、独自のデータとフレームワークによって実現させるプロジェクトをスタートさせ、その実践知による知見を「Thought Leadership」として発信している。その知見が、従来の延長線上にない新たな世界を目指すチェンジリーダーにとって、変革の稜線を越えるヒントとなれば幸いである。

図6-8 Human & Values Report 2023　新時代を切り拓く人々

出典：Ridgelinez

図6-9 Meta Communication　メタバース 錯覚する能力と五感

出典：Forbes JAPAN 2023年1月号別冊

最終章

「フジトラ」を起点に日本を変革する

リッジラインズが創造する〝変革ある日本〟の未来

富士通とリッジラインズは、「フジトラ」の実践的アプローチを起点に、変革のための様々な手法とソリューションをどのように共創していくのか。富士通の時田隆仁社長と、リッジラインズの今井俊哉社長が、リッジラインズ誕生の背景から、目指すべき未来について語った。

パーパスの変革から始まったフジトラ

時田隆仁（以下、時田）　２０１9年6月に富士通の社長に就任することになったとき、最初に何を考えたかというと、「富士通とは一体、どういう会社なのか」ということでした。改めて考えるに、世界１８０カ国・地域で事業を展開しているのでグローバル企業であることは間違いない。富士通グループ全体では世界に約12万人の従業員がいるのですが、社長になる以前にその12万人もいると認識していたかというと、必ずしもそうとはいえなかったのです。自分自身は金融のお客様を担当する金融システム本部に長く所属していたシステムエンジニア（ＳＥ）として、部門内の数千人や、関連するグループ会社の従業員を入れても数万人という規模のイメージしかありませんでした。視野の狭さを実感せざるを得なかった、というのが実情でした。

富士通がお客様にソリューションサービスを提供すると考えたとき、「この12万人という従業員の力を、本当に存分に使い切って仕事ができているか」を自問し、社長としてまずは人事制度、人材登用の仕組みに手をつけようと思っていたのです。それが就任した19年の課題でもありました。

年が明けて20年になると、スイスで開かれる「ダボス会議」に初めて招かれました。私は富士通のCEOとして参加しましたが、そこにはグローバルのICT（情報通信技術）関連の、名前を聞けば誰もが知っている企業の経営トップが集まっていました。通信関連事業のミーティングの場に出て議論を始めると、彼らの視野の広さや視点の違いに驚かされたのです。

当時のテーマは「5G」の世界についてでした。ICT企業が5Gの普及にどう貢献していくか、ICTをどう使うかというテーマから議論は始まったのですが、彼らの口から出たのは「5Gの前に、世界には4Gや3Gだって使えない人もいるでしょう」と。デジタルデバイドや貧困などの世界の格差を、デジタルを語る前に解決しなきゃいけない問題もあるね、という話になったのです。それを聞き、ものすごいショックを受けました。彼らは事業を語るときに必ずその社会問題や、今でいうサステナビリティを語るわけです。

これには驚いたというのが正直なところでした。富士通も元々は企業理念やコーポレートメッセージという形で様々なメッセージを発信してきましたが、やはり一番大事なのは従業員一人ひとりにストーリーとして「富士通とは何者なのか」「何のために存在するのか」を、改めて伝えることだと思いました。

それがまさにパーパス（社会的存在意義）となるのです。少なくとも15カ国語に翻訳し、世界中にいる富士通の従業員に意味合いが変わらないように浸透させる工夫をしました。

変身しきれない富士通を生まれ変わらせるための新会社

時田　その中でサステナビリティを考えると、社会課題や社会問題を解決していくアプローチに切り替える必要があるとも思いました。富士通は製造業から始まった伝統的な企業ですから、ご多分にもれず「良いものをつくれば売れる」というプロダクトアウトの思考が埋め込まれているわけです。より良いものをつくろうとして、ともすればものすごく機能が豊富なものをたくさんつくろうとする。そうなると、もちろん高くなるはずなのですが、それを今度は「お客様のためにできるだけ安く売る」というのが富士通のビジネスモデルでした。多くの日本の製造業にもこれは当てはまるでしょうし、「それこそが日本の良さだ」といわれてきた時代もあったように思います。

しかし、ハードウェアのビジネスが中心の時代からソフトウェアやサービスへ重心が移っていった中でも、そのマインドは変わらなかったのです。過去30年で富士通ではシステムインテグレーション（ＳＩ）事業がハードウェア事業よりも大きくなりましたが、日本型ＳＩビジネスの特徴は「お客様の要件を聞いて、それを忠実に実装すること」でしたから、その過程で自ら何かを考えて提案するという行動がほとんどありませんでした。

今、世の中がどんどん変わり、多様性も拡大している中で、お客様自身も何をすべきかわかっていない時代になったわけです。そういう中で、お客様の悩みや社会の課題に真正面からリーチできる機能が富士通グループの中にも必要だと考えました。お客様とのコミュニケーションの中から問題を抽出して、自ら解決策を提案して実装し、そこからまた新しいフィードバックをもらって改善していく。そんなコミュニケーションをベースにした社会課題解決型のコンサルティングを、富士通でやりたいと思っていました。しかし、富士通の長い歴史の中で沈殿してきた仕事のやり方やカルチャーをすべて払拭するのは難しい。これまでも、いろいろな先輩方がチャレンジしてきたものの、なかなか形にしきれませんでした。そこで、新しい会社を富士通とは全く違うブランドで、できるだけ富士通という〝しがらみ〟がない形で事業をやらせてみたいと思って設立したのがリッジラインズなのです。

「価値に納得する」から払い続けるGAFAMのサービス

今井俊哉（以下、今井） 課題解決というのは初めから正解があるわけではなく、お客様と一緒に「探しにいく」ものです。リッジラインズが提供しているコンサルティング・ビジネスでは、その探しにいくプロセスに価値を感じてもらい、そこに対価を支払っていただいております。我々は個々のビジネスモデルの特徴を理解しておくことが重要な気がしています。

一番わかりやすいものはハードウェア・ビジネスかと思いますが、ハードウェアという商品を買う場合には、その性能なりデザインなりの価値が購買時に見えていて、その後は減価償却によって、だんだんと価値が下がっていくことになります。一方で、GAFAMと呼ばれる米国のプラットフォーム企業は、サービス提供によって実現される「付加価値」を軸にしてビジネスをしています。GAFAMは日本企業と何が違うのかと考えたときに、「働いている人たち一人ひとりが個体として強く、それぞれがいろいろな意見を言い合い、ぶつけ合いながら一緒になって新しい価値をつくっていこうとしている姿勢」だと思うに至りました。サービスを利用し始める際の値段を無料もしくは低く抑えて、まずはお客様になってもらい、その後で積極的にサービス内容を改善していくことで、結果的にお客様を繋ぎとめ、より多くの売上を上げることを狙っているわけです。お客様から見れば、たとえ少しぐらい値上がりしても「それだけの価値があるし、使わないといけないから」と納得感があるから払い続けていくのです。即ち、一般的にサブスクリプション型といわれる月払いのサービス・ビジネスでは、提供されるサービスの内容によって価値が増大し、それが収益の増大に繋がっていくという、従来の日本企業とは全く異なった発想に基づいたビジネスモデルだということです。

ここから先のVUCA（変動性・不確実性・複雑性・曖昧性、将来予測が困難）の時代には、従来の顧客、サービス提供者など、それぞれの関係性が大きく変わっていきます。環境変化の少ないスタティック（静的）な時代では、昔の受験勉強のように「これだけ覚えておけばOK」というような前例踏襲型ビジネスアプローチで何とか乗り切れたと思いますし、日本企業にはこの優等生タイプが多かったのかもしれません。

しかし、これから求められるのは、変わっていく環境において、自分としてどう考え、必要に応じて自分自身をどう適合させていくのかを明確にコミュニケートできる能力ではないか。これは個人の集合体としての組織である企業でも同じことではないかと思います。

私はよく大企業のトランスフォーメーションの在り方について、「羊の群れ」に例えることがあります。個々の羊にはやりたいこともあって、時には道草を食ったりしてしまうのですが、最後は集団の向かっていく方向に沿って動いていくことで、群れ全体としてのエネルギーを発揮できる。羊飼いは個々の動きの違いには多少なりとも目をつぶってでも、全体としての進むべき方向をしっかりと示し続けていく。ここでも組織の構成員である一人ひとりの個人がしっかりとした意思を持って集団としての行動に参画するということが必要かと思っています。

時田さんはダボス会議でお会いした経営者の話をされましたが、違いがあるとすれば「視座」ですよね。視座＝目線の高さを、どう持つかということでもあります。

ですから、「自分はこういう役割だから、これをやっておけばいいんだ」という仕事のやり方では、今のような変化が大きい時代に対応しきれない可能性が大です。「言われたことは、やっているからね」というところで終わってしまい、先に進まないからです。

これを繰り返していては、我々自身も日本企業も競争力を維持できないし、強くならない。結果として、企業の稼ぐ力もなくなっていく。今は何とかなっているように見えていても、自分たちの将来の社会のためにリスクを取ってチャレンジする人が少ない企業は環境変化の中で次第に競争力やリスペクトをも失い、最後は淘汰されてしまう。

そうならないためにも、一人ひとりがどう活躍していくのか、組織や社会とも折り合いをつけながら、自分個人のやり方、生き方を貫いていても居心地の悪さを感じなくて済む、というような個人と組織がポジティブに共鳴していく環境が必要です。自らが納得しているからこそ実現できる組織的な行動変容が、これまでとは異なったビジネスパフォーマンスを叩き出していく。

リッジラインズが掲げている「人起点」というのは、各企業や組織が持っているパーパスやその競争力を高めるために、目指すべき方向としての「戦略」を皆がしっかりと共有していて、各自が現実的に何をどう変えなければならないかを話し合っている状態に導くアプローチです。

大企業が抱える人材の潜在力を「フルに引き出す」

今井　DXというと多くの企業では「デジタルテクノロジーを使って新しいビジネスモデルを打ち出したい」という意見が出てきます。しかし、これは簡単なことではありません。
先ほど時田さんも「12万人のパワーを本当に使いきれているのか」と、当初の命題について話されましたが、同じように考えている企業はとても多いと思います。その組織が本来持っている潜在的なパワーをフルに引き出せないケースが、実は多いと見ています。

また、デジタルとテクノロジーで何ができるかを多くの企業が考えるときに、多くの場合はユーザーエクスペリエンス（ＵＸ）を高めよう、ユーザーインターフェース（ＵＩ）を使いやすくしよう、サプライチェーンの中間在庫を最適化しよう、という話が出てきます。

しかし、やはり最後は「人間がどう動くか」が重要になります。人が本気になって「これを何とかしなければ」と真剣にならないと、ＵＩ／ＵＸなんて絶対うまくいかないし、サプライチェーンも本気で変えようとする人がいなくて「この程度でいいや」などと思ったら、最適化なんて実現できません。

やはり組織全体を捉えて、ＥＸ（エンプロイー・エクスペリエンス）がある一定の水準に達してこそ、初めてＣＸ（カスタマー・エクスペリエンス）やＯＸ（オペレーショナル・エクセレンス）が実現するし、それらがうまく回れば皆のボーナスが増えるはずです。そうした〝連立方程式〟をきちんと解けるようにするのがＭＸ（マネジメント・エクセレンス）です。経営状態を可視化して、経営トップがパーパスを語り、方向性を示して、従業員と一体となって成果を上げていく。これは相互に整合性を持って語られるべきで、どこか一部が変わったとしても組織としての結果には結びつかないことがほとんどです。

正直に打ち明けると、リッジラインズを設立した前後には、「4X+T」の相互作用が重要だということが、まだしっかり考えとしてまとまっていなかったといえます。リッジラインズを立ち上げて、半年から1年ほどお客様とのプロジェクトを実行していく過程で「CXを動かすには？」「EXの実現に必要なMXとは？」と考えていく中で自然発生的に「4X+T」のフレームワークが見えてきた感じです。

時田　富士通は2020年から「Fujitsu Transformation」、略して「フジトラ」をリッジラインズと一緒に進めてきました。「その後、富士通はどれだけ変わったのか」と聞かれたら、少なくとも私が現場のSEとして働いていた20～30年前からは全く違う環境になったといえるくらいの変化はあります。現代は不確実性が高く、予測不可能なことも多い。一人ひとりが自律的にやるべきことを探して行動し、それが社会的なインパクトに繋がるように、もっともっと変わっていく必要がある。富士通の規模から考えると、まだまだできることはある。

ただ、社内SNS上でいろいろなコミュニティが立ち上がり、そこで様々な議論が出始めています。「自分はこう思う」という意見が出ると、それに「いいね」ボタンで賛同を示し、改善案や対案を示すことも増えています。そこはポジティブに感じていて、10〜20年前には見られなかった状況です。自らコミュニティを立ち上げ、何かイニシアチブを取っていこうという声が上がり始めたのはすごい。過去にはやはり階層があって、現場の声がなかなか届かなかった。そのギャップのせいで組織が停滞することもありましたが、それがフジトラの活用で克服されつつあると思っています。

もちろん、有体にいえば今でも階層や強いヒエラルキー構造はあります。まだ、がっしりと（笑）。しかし、10人に満たない人たちが自ら課題を定義し、パーパスを基に「こういうのをやろうよ」と声を上げて新たな活動を始め、事業に繋がっていけたら最高ですね。富士通という大組織のマネジメントでいえば、ヒエラルキーと階層の中でまだまだ縛られることの方が多いのは事実です。規模の小さな会社ではないので、そこはやはり非常に難しい面がありますね。

今井　ここ1年ほど富士通の役員会に出させてもらっていますが、他の会社でいう常務クラス以上にかなりの数の外国人がいますよね。私が知っている頃の富士通は35年も前なので、その当時から比べると随分変わってきた。全世界同時で通訳をつけながら議事が進行する一方で、チャットも使いこなしながら議論が足りないところを補い合ったり、会議の中でやろうと決めたことは必要な連携が役員同士で即座に行われたりしている。これは非常に面白いなと思って見ています。私が日本語で意見を述べると通訳者がそれを訳すのですが、それに対して「いいね、それ」といった反応がチャットで複数のボードメンバーからどんどんくる。誤解を恐れずにいえば、昔の〝御前会議〟のような役員会議では、おそらく起きなかった事象です。そういう意味ではテクノロジーや役員クラスの意識改革の影響が大きいと思います。

うまくいかない理由は、マインドではなく仕組みの問題

時田　うまくいかないのを、よく「マインドの問題だ」と言ってしまいがちな風潮がありますが、僕はそうではないと思っています。マインドのせいにすると、「もうそれ以上は解決策がない」と言っているのと同義です。やはりマインドや風土を変えるには「時間がかかる」と言い訳をしていると思えてしまうんですよね。

やはり「仕組み」や「仕掛け」に問題があるということです。役員会議も単なる報告の場ではなく、チャットも使いながら進行することで、インタラクティブな議論を同時並行で動かせる。これがまさにツールの力だと思います。だから、マインド論で考えることをやめるのではなく、やはり「こういうツールを使って変えてみよう」という一歩目のメッセージが大事になるのだと思います。

今井　最近、時田さんは「行動変容」とよく言っていますよね。僕はそれが正しいと思っていて、「行動」というのは数えられるんです。動いた回数というのはデジタルに結果が残る。マインドというのは人の心の中ですから、本当は何を考えているかはわからない。少なくとも行動を取れば、何らかの結果が出ます。行動すれば、マインドセットは後からついてくる。

リッジラインズのコンサルタントとして富士通の改革に一緒に参加させてもらっている立場からいうと、富士通は本当に日本中心のドメスティックな文化があった会社だったわけです。それが今や英語と日本語を使ってチャットで意見をやりとりできるぐらいにはなっています。富士通の社内ＳＮＳは、多分日本企業で最大のユーザー数になったと思います。「変われないかもしれない」と思っていた富士通が、一緒にやっていく中で大きく変わってきているという事実は、我々コンサルティング会社としては非常に嬉しいことですし、それを公表させてくれるという意味では、ありがたいクライアントでもあります。

時田　富士通グループ12万人のうち約3分の2が日本人で、本社も日本にあるため、やはり日本的な風習やドメスティックな文化が大勢を占めていることは事実です。しかし、外国籍の役員から議論の中で「ケミカルリアクション（chemical reaction）とは、すごく興味深い言い方をしますね」と言われたことがありました。いわゆる「化学反応」を期待しているという文脈を面白がっているのです。要は多様性なんですね。日本人と外国人がいろいろなツールを使いながら、できるだけ共通言語で話そうとする。これによって化学反応が起きる方が、マインドセットを変えるよりも力強いな、というのが実感としてあります。

私はロンドンで勤務した経験がありますが、日本企業で働く現地の方からは、意思決定のわかりづらさに対する不平不満などは山ほどありました。富士通は当時から「One

Fujitsu（1つの富士通）」というスローガンを掲げてグローバル化を進めていましたが、実態は全く別会社でした。日本国内からはリーチできる情報に、海外からは手が出せなかったケースもありました。

私は最近、世界各地で従業員を集めたタウンホールミーティングを開いて、各地で彼らに「『日本と海外』という言い方は、もうしない」と約束しています。しかし、そういう言い方をしなければいけないというのは、それほどウチとソトの意識が根強くあったということです。

なぜ分けてしまうかというと、シンプルな話で恐縮ですが、やはり言葉ですよね。日本語で話しているというのは世界でビジネスをするのに障壁でしかない。世界でのビジネスは、英語を話せるか話せないかでまず決まってしまうわけです。日本がグローバル化できない最大の理由、それはやはり英語です。でも、そこを乗り越えようと努力するところで信頼関係も生まれていきますよね。私はSEとしてドイツに出張に行ったことがありますが、会議室にはドイツ人の経営者しかいないので、最初はみんなドイツ語で話しています。しかし私が部屋に入った瞬間に、全員が英語で話し始めるのです。英語が下手な私よりもっと下手な人もいましたが、英語で話そうとする。このように、「ちゃんと話そうとする姿勢」が大事ですよね。

今井　コミュニケーションスタイルをグローバルにする必要はありますね。

時田　そして、やはり多様性です。リッジラインズには富士通総研にいた社員が出向したり戻ったりしています。富士通総研はトラディショナルな富士通の中にあった1つの組織ですから、それほど多様性が高いとはいえなかった。ですが、リッジラインズで他社から来た優秀なコンサルタントとも同僚になって、見えてくる景色も変わってきたでしょうし、新しい経験を積んだ人は多いと思います。江戸時代に唯一、オランダに開かれていた長崎の「出島」で蘭学を勉強した人たちになぞらえて「出島効果」と言ったりしていますが、やはり何がしかの影響を受けて変わっていく面は強いと思います。

ただ、12万人もいる富士通は母体が大き過ぎるので、１００人、２００人が出向したところで結果が大きく変わることは難しいのですが、行動変容を促すきっかけづくりの方がより重要です。トップからのメッセージが伝わるスピード感や事業の仕方などを変えていく機動力が維持できるかどうかが、これからの課題だと思っています。

リッジラインズが「本体になる」未来もあり得る

時田　リッジラインズを見て富士通が学ぶことはたくさんあります。だから、将来は「リッジラインズが（富士通の）本体になるかもしれない」と言っているくらいで、リッジラインズが導入している人事評価の仕組みであるとか、人材の採用の仕方、また顧客企業の「C-suite」（＝CEO、COO、CFO（最高財務責任者）など「C」から始まる最高責任者の肩書を持つ人）とのコミュニケーションのやり方など、学ぶことがいっぱいあります。

今井　その点でいうと、私もリッジラインズに来て最初に取り組んだのはコミュニケーションです。コンサルティング会社というのは必ず、ある決まった書式でドキュメントを書きます。各ページの一番上のメッセージに何を書くか、その下に何を書くかは、すべて規定されているのが通常です。まずはそのルールを決めることが大事なのです。社員はいろいろな企業から来ている人材ですから、その人なりの〝作風〟があります。それを寄せ集めただけでは、組織としての力にならないんです。

1ページの中でどう書くべきか、複数ページでは全体のストーリーをどう書くか、というのが決まっていて、全員が同じルールで書いているからこそ原作者の意図を理解できるし、組織や地域をまたがった協働や知識の共有も進むわけです。リッジラインズとしてのサービスやライティングのクオリティを担保していくためには、地味ですが重要なルールであり、仕組みなのです。

せっかく新しく始めた会社で、レガシー（過去の遺産）がない状態でスタートしたのですから、良い人材を集めるためにはどんな人事制度が必要になるかなど、制度設計から始めました。コンサルタントには優秀な人が多く、そういう人は「自分たちの努力がちゃんと見てもらえているか」を非常に気にします。頑張ること、努力することは厭わないのですが、自分がやったことが正当に評価されているかを一番気にするのです。

そういう優秀な人たちに残ってもらうためには、それがわかる人事評価制度が必要になりますし、結果として富士通とは全く違った方法で社員を評価していくことになりました。コンサルティング会社は「人起点」というか「人しか財産になり得ない」ので、自分が売りものだと考えている人たちを呼び込むには、それに見合った処遇と評価制度が必要なのです。

模索しながら成長の過程に価値を見出してきた2年間

時田　リッジラインズの設立以降の2年は、自分たちが「いかなる企業になっていくか」を模索してきた時期だと思っています。幸いなことにお客様の数は増えているし、従業員も外部から応募してくれる人も含めて、注目度も上がっています。その意味では、非常に高い成長を実現してきた会社です。ただ、何かを目指して成長したというわけではなく、やはり模索の中で今の形になってきたのだと思います。

ただ、今ある巨大コンサルティング会社と違うことは明確です。まだ体力もないし、すべてのケイパビリティが育っているわけでもない。本当に、「富士通と一緒に何ができるか」というところから踏み出し始めたところですよね。

最初に今井さんには言ったのですが、コンサルティング・サービスの軸を「お客様ファーストでDXを進めよう」ということにまず決めて、「その作り手は、必ずしも富士通でなくてもいい」と宣言しましたよね。富士通がリッジラインズに選ばれるような企業になるよう、富士通を変えていくことが重要だと思ったからです。

逆に富士通だけになると、富士通がこれまでやってきたことと全く同じになってしまい、おかしくなる可能性が高いですよね。だから、両社の距離感というものは非常に大事だなと思っています。

50代がリスキリングに最も熱心な理由

今井 先ほどからのお話の通り、両社の人材交流は非常に大事だと思っています。今はデータサイエンティストやサイバーセキュリティのエンジニアになる人材というのはまず見つからず、人材市場で価値が高騰しています。富士通には、それができる可能性を持った人材がたくさんいると思っています。仮に20人を人材市場から探そうものなら、ものすごいコストと時間がかかってしまいます。

富士通にいる20人が、今後の自分たちのキャリアを自律的に考えて、「ビジネスインテリジェンス（BI）やサイバーセキュリティのエンジニアとして爪を研ぎ澄ます方が、自分の人生はもっと輝く」と考えてもおかしくないと思っています。そこで今、富士通と一緒にトレーニングをやっていこうとしています。これは両者にとって「ウィン・ウィン」な効果をもたらせると考えています。最終的には富士通に戻る人も多いのかもしれないけれども、「もう一段、腕を磨いた」という確信を持って戻っていくことができるはずです。

あるサービスの価値を考えたときに、例えばシステムをつくるために「人月」がどれくらいかかるかと議論しているうちは、あまり大きく儲かるビジネスにならないと思っています。富士通とリッジラインズが今まさにトライしていることは「バリュープライシング」です。「これだけの新しいバリューをつくるために、皆さんはいくら投資しますか」と、お客様と意見を交わしながらサービス提供の範囲やアプローチを模索していくやり方です。

お客様がその投資判断をするためには、大きな組織であれば必ず客観的な検証が必要になります。それらの検証行動をプロとしてお引き受けするのがコンサルティングです。投資判断を行うための論点について然るべき仮説を立てたとしても、その精度が100%になることはありません。しかし、2～3割程度だったコンフィデンスレベル（確信度合い）が、「せめて5～6割にできるというならありがたい」と考えてもらえれば、トップマネジメントとして投資の判断をしやすくなるわけです。その30%のインクリメンタル（差分）をどう上げていくかが、我々コンサルティング会社の腕の見せどころなんですね。やはり「人月でいくら」という投入労働力をベースにしたビジネスをやっているうちは、日本のITサービス業界は高付加価値にはなっていかないし、そこで頑張っている従業員の方々も、これ以上豊かにならないと私は考えています。

時田　富士通はジョブ型人事制度によってポスティングを活発に行っています。昔はいわゆるメンバーシップ制で年功序列があり、組織の中に長くいるとポジションが上がっていく伝統的な風土があったのですが、それが今は全部なくなってグローバルで同じ人事制度にしています。

もう1つ、教育も変えました。昔のような「入社5年で研修を受けます」といった、いわゆる年次教育は全部やめて、グローバルな教育プログラムを使って自由に好きなカリキュラムを受けられる。それは自分がなりたい職やジョブ、身につけたいスキルを自分で選べるようにしたのです。

それがどれくらい使われているかを年代別に見てみたところ、空いたポジションに応募できるポスティング制でも、その新しい教育カリキュラムを受けている割合でも、一番多かったのは50代です。次が40代で、20~30代はそこそこでした。

50代で急激に受講率が上がるんです。これが何を意味しているのかというと、自分のスキルを高めて次のチャンスに臨みたい人材がたくさんいるという事実であり、そのために教育を自ら選んで受ける「やる気」が確実にあるということです。

今井　ちなみに富士通のポスティング先には、リッジラインズも含まれています。

時田　はい。きっとチャンスがあって自分も変わらなければというときに、学ぶチャンスが来たという面もあったでしょう。富士通ではポジションを常にオープンに公開して、いつでも応募できるようになっています。だからといって、手を挙げれば誰もが選ばれるわけでもない。チャレンジポジションを選んでいる人もいるし、そのために勉強する人がいるということかもしれません。

思考の過程を価値に変えることこそ、日本企業が蘇る道

今井　先ほどバリュープライシングの話をしましたが、思考の過程を可視化してお客様

とやりとりするということをしっかり価値に変えて、更にお金に変えていくというのは今後、日本企業がやっていかなければならないことだと思います。なんとなく耳ざわりのいい話をして、カタカナ言葉が並ぶと何かお金になるのがコンサルティングだと思っている人は、実はすごく多いんです。

しかし、多くの人が行動変容できるように、顧客企業のマネジメントの方々の背中を押す仕事がリッジラインズのコンサルティングであり、DXを活用したトランスフォーメーション支援が私たちの仕事です。「変革」ですので、お客様であるクライアントが嫌がることをお願いする場合も多々あります。嫌がることをやってもらうには、客観的なデータや、誰でもわかるロジックでその必要性、必然性などを説明しないといけない。それが説明できないと、クライアントのお一人おひとりが自身の会社の中でしっかりとした説明ができなくなってしまうからです。

「リッジラインズがそう言っているから」では、誰も納得しません。自分の言葉で説明できるような形に落とし込んでいく。そして、小さくてもいいから取り組みを始めてみて、実際に変化を起こしていく。リッジラインズでは、まずは実装してみることで変化を実感してもらうということができればと思っています。

よくお話しするのですが、一番わかりやすいのはマネジメントダッシュボードです。例えば、経営者が見なければならない画面を6つ選ぶとしたら、何がくるか。それらを「どうしたら自社の変革を表現するのにフィットするか」とつくりながら一緒に考えていく、伴走していく。それがまさにアジャイルだと私は思っています。我々はクライアントの行動変容を促すための〝触媒〟なので、その役割を果たすためにアジャイル的なトランスフォーメーション・プロセスを体現できるコンサルティング会社でありたいと考えています。

ソフト・サービスの時代といわれて久しい中で、人々が事実に基づいた現状認識ときちんと向き合い、変革を促す思考の過程でお互いの意見に付加価値を見出し、共創できる社会。言葉遊びではなく、しっかりとした経済的な価値のやりとりを重視できる社会。日本がそんな社会になることが復活への道ではないかと考えています。

時田　「日本がG7の中で、一番ダイバーシティや多様性の面で出遅れている」とか、「DX敗戦国」と言う人やメディア、政治家もいます。でも、決してそんなことはないと思うんです。富士通だけでなく、そのDXに取り組んでいる、もしくは取り組むだけの力がある日本企業は、まだいっぱいあります。それを阻んできた仕組みや制度もあるし、日本が何十年も美徳として守ってきたものが価値を生み出すための美徳なのか、ということを考える必要があると思います。

富士通の例でいえば、制度を変えることで人が見えてくるようになりました。ものすごく高いスキルを持った人や、すごいアイディアを持った人が浮き上がってくるようになったわけです。彼らの、自ら発信しようという行動変容が確実に起きているのが現在です。そのために、僕はリッジラインズにリファレンスになってほしいと言っていて、富士通がリッジラインズを創業して行動変容を進めているように、自ら変革が難しい大企業もリッジラインズのようなファンクション（機能）を、本社のしがらみからちょっと離れたところに置いて育ててみる、ということができないだろうかと。

リッジラインズでやっていることはその壮大な実験なのかもしれませんが、富士通はリッジラインズが考え出したトランスフォーメーション手法を最初に享受しながら、あらゆる仕組みを変えようとしています。その成果を、今度は我々がソリューションやコンサルティングツールとして、日本企業に提供していきたい。もちろん日本だけでなく、同じ問題を抱えているお客様は世界にたくさんいるので、それも視野に入れながら、本当の意味でのソリューションビジネスを展開していこうとしています。
それが、日本の経済と社会にも、世界の発展にも資すると信じているからです。

おわりに

新型コロナウイルス感染症のパンデミックから、3年が経とうとしている。日本政府も2023年5月8日から、同感染症の感染症法上の分類を季節性インフルエンザと同じ「5類」に引き下げることを決めた。ようやく2019年以前と同じような社会環境が戻ってくると多くの人々が期待しているだろう。だが、パンデミックとの戦いに終わりが見え始めても、日本の経済や企業を覆っている閉塞感が払拭されたとは言い難い。日本が再び成長軌道に乗るための「変革」は、まだまだ進めなければならない状況にある。

コロナ禍が始まった2020年4月に産声を上げたリッジラインズは、クライアントであるお客様とも、また新しい会社の同僚たちとも直接会うことが制限される中で操業を開始した。世界がこれからどうなっていくのかが全く見えない中で事業を開始したことは、クライアントはいうまでもなく、同僚をはじめとする多くの方々に不安とストレスを与える場面があったかもしれない。

そんな不自由な中でも、リッジラインズは今の日本企業の経営者が心の底から求めている「企業のトランスフォーメーション＝変革をデザインする」ことに挑戦し、その実現をご支援することに注力してきた。おかげさまで多くのクライアントの皆様からの支持と共感を得て、また私たちが提供した以上のサポートをいただいて、事業規模を拡大し続けることができた。

世界の転変・遷移はとどまることがなく、対立や紛争といった不安定要素も残っている。インターネットとデジタルデバイスの進化によって世界は繋がって1つになったといわれたが、まだまだ旧体制の残滓が残り、希望を持って迎えるべき新時代との確執も生じている。

それでも、テクノロジーの発展は今後も続いていく。リッジラインズは、日本企業が新時代の荒波に揉まれながらも、ふさわしい活躍をして成功を収めてもらおうと、独自に様々なデータや創造性の高いフレームワークを生み出し、企業に提供していくつもりである。本書で繰り返し述べてきたように、新たな世界へと踏み出したいチェンジリーダーが、これまで越えられなかった変革の〝稜線〟を踏破して先に進んでいけるよう、これからもサポートしていきたいと考えている。

会社名に「山の稜線」を意味する「Ridgeline」を掲げ、〝究極〟でありトランスフォーメーションを最後までやり遂げるという強い意志を示すために末尾に「z」を加えた。企業を変革しきることは、文字通り血を吐くことさえ起こり得る、辛く、長く、骨の折れる作業の連続である。強靭な精神力と高い志のある経営者であっても、あまりの壁の高さに途中で打ち返され、力尽きてしまうかもしれない。企業の変革とは、実にシビアな戦いである。

その経営者がトランスフォーメーションの完遂まで変革の意志を熱く燃やし続けられるように、DXに繋がる具体的な手段を提供しながら変革に伴走する参謀役でありたいと、リッジラインズは考えている。

その方法論として本書では、変革はなぜ「人起点」で考えなければならないのか、そして「4つのX」を相互に影響させながら会社組織を全体的に、また一斉に変えていくことの重要性について指摘してきた。そして、その中心にパーパス（社会的存在意義）という、確固たる「企業の志の柱」が打ち立てられなければ、変革への長く険しい山道は乗り越えられない。

日本は元々「人を大切に遇する」ことを長く続けてきた社会であり、国家でもあったはずである。そんな日本が再び「人起点」の発想に立ち戻り、勇気を持って変革に立ち向かえば、その高い倫理観を以て、新しい時代に悠々と飛躍して成長を持続することができるサステナブルな社会の実現に貢献できるはずである。

変革の達成による自律的な成長が可能になること。その山の頂点を目指して登っていく道の途中で、いくつもの稜線を乗り越えることがあるだろう。1つの山頂から、次のより高い山の頂へと更に登っていく覚悟が必要になることもあるに違いない。

企業が、どのような装備（Technology）で、どのようなルートをたどり（4X）、次世代にも必要とされる公器として社会の発展に貢献できるようにお手伝いすること。それを今後とも強力にサポートするために、常に能力を磨きながら、より多くの日本企業を変革の実現へと鼓舞すべく、今後も精進していきたいと考えている。

昨今、グローバル・サプライチェーンの見直しなども行われているとはいえ、中長期的には、日本はより知識集約型の事業にシフトしながら商品やサービスを生み出していく国家となっていくことだろう。多くの企業の変革を支援しながら感じるのは、閉塞的な状況に囲まれているように見え、様々な制約があると見受けられる中でも、チャレンジャーとして新たなうねりを創り出していこうという気概のある若い世代が、各所に現れてきていることだ。

日本企業が変革によってビジネスを進化させた先には、有望な次世代の若者が世界へ飛躍しようと待ち受けている。それを実現することの一助となってこそ、リッジラインズは世に生まれ出た意義があると思っている。

最後に、本書の出版に際して多大なご協力をいただいた富士通株式会社の時田社長、福田EVP、関係部署の皆様に感謝を申し上げたい。また、変革の事例として本書への掲載に快く承諾いただいたオルビス株式会社の小林社長、関係部署の皆様に御礼を申し上げたい。その他、取材や事例の紹介にあたってご協力をいただいたクライアント企業の皆様に御礼を申し上げたい。関連して、長期間の検証と修正、校正に尽力してきたリッジラインズの各パートナーに感謝の意を申し上げたい。特に、本書監修の労を取っていただいた立教大学ビジネススクール教授の田中道昭先生には、折に触れてのご助言に厚い感謝を申し上げたい。また本書の出版について編集作業でご尽力いただいた日経BPの石橋廣紀氏と、Mikawa&Co.合同会社の三河主門氏にも感謝の意を述べたい。そして、リッジラインズで出版プロジェクトの責任者となったパートナーの小野圭史さん、チーフクリエイティブディレクターの田中培仁さん、マネージャーの岡田良平さんには、長きにわたる作業を取り仕切っていただきながら本書を完成・出版へと導いた尽力について心からの謝辞と労いをお送りしたい。

本書がリッジラインズという企業の理解とともに、「変われなくて悩んでいる」という日本企業にとっていくばくかのヒントと変革への意欲、そして更なる成長・発展に向けたインスピレーションとなれば幸いである。最後までお読みいただき、誠にありがとうございました。

2023年春　東京にて

リッジラインズ代表取締役CEO　今井 俊哉

〈参考文献〉

ピーター・ドラッカー（2008）『マネジメント 務め、責任、実践』日経BP
山岸敬和（2014）『アメリカ医療制度の政治史 20世紀の経験とオバマケア』名古屋大学出版会
クリストファー・チャブリス、ダニエル・シモンズ（2011）『錯覚の科学 あなたの脳が大ウソをつく』文藝春秋
フリードヘルム・シュヴァルツ（2016）『知られざる競争優位 ネスレはなぜCSVに挑戦するのか』ダイヤモンド社
日経クロステック編集（2021）『富岳 世界4冠スパコンが日本を救う 圧倒的1位に輝いた国産技術の神髄』日経BP
ジョン・P・コッター、バネッサ・アクタル、ガウラブ・グプタ（2022）『CHANGE 組織はなぜ変われないのか』ダイヤモンド社
『Meta Communication』（フォーブスジャパン2023年1月号別冊）
ウィケ・ショルテン、フェムケ・ド・ブリース、タイス・ベジュー「職場の不正行為を未然に防止するアプローチ」（DIAMONDハーバード・ビジネス・レビュー2022年10月号）

一般社団法人電子情報技術産業協会（ＪＥＩＴＡ）「２０２０年日米企業のＤＸに関する調査」

ロイター「トヨタ、ＥＶ戦略見直し検討　クラウンなど開発一時停止＝関係者」
https://jp.reuters.com/article/toyota-exclusive-idJPKBN2RJ0NR

日本経済新聞電子版「富士通、早すぎた成果主義　敗北を抱きしめて　富士通 再起動なるか（２）」
https://www.nikkei.com/article/DGXZQOFK186560Y1A110C2000000/

日経クロステック／日経コンピュータ「富士通は本当に変われるか、ＤＸ新会社の給与をグローバル水準に高める真意」
https://xtech.nikkei.com/atcl/nxt/column/18/00001/03727/

富士通フジトラニュース「富士通執行役員が語るＤＸ推進『OneERP+』の今 不確実な時代こそグローバルなデータドリブン経営を」
https://www.fujitsu.com/jp/microsite/fujitsutransformationnews/2022-09-27/01/

賢者の選択「『日本代表のマインドセット変えることに腐心』エディー・ジョーンズＨＣラグビー組織論に学ぶ」
https://kenja.jp/938_20151022/2/

ＨＲプロ「Oracle HCM World Feedback Seminar 2017」
https://www.hrpro.co.jp/

Harvard Business Review「Kodak's Downfall Wasn't About Technology」
https://hbr.org/2016/07/kodaks-downfall-wasnt-about-technology

Masters of Scale「How to do good and do good business. Starbucks'Howard Schultz」
https://mastersofscale.com/howard-schultz-how-to-do-good-and-do-good-business/#WAIT_WHAT-player-b36e3745-04bf-4b0e-bed1-d353acb2db17

Gallup「State of the Global Workplace: 2022 Report」
https://www.gallup.com/workplace/349484/state-of-the-global-workplace-2022-report.aspx

オムロン株式会社
https://sustainability.omron.com/jp/social/talent-attraction/

富士通株式会社
https://www.fujitsu.com/jp/

World Economic Forum
https://www.weforum.org/

SAP
https://www.sap.com/

Drucker School of Management
https://www.cgu.edu/school/drucker-school-of-management/

筆者紹介

【全体監修、執筆】

今井 俊哉

Ridgelinez株式会社 代表取締役CEO

約30年にわたり、コンサルティング業務に従事。富士通を経てブーズ・アレン・アンド・ハミルトンに14年在職。その後、SAPジャパン(バイスプレジデント)、ベイン・アンド・カンパニー (パートナー)、ブーズ・アンド・カンパニー (代表取締役)、PwCコンサルティング(副代表執行役)を経て、2020年より現職。

小野圭史

Ridgelinez株式会社 執行役員 Partner

ブランド戦略を軸とした事業構想・インナーブランディングや企業変革における人材育成、人的資本経営・組織風土改革の推進に従事。総合商社、戦略コンサルティング、ファストファッション、ラグジュアリーブランドを経て現職。グロービス・パートナー・ファカルティー。

田中培仁

Ridgelinez株式会社 Director / Chief Creative Director

ブランド戦略と事業戦略を繋いだ新規事業創出プロジェクトを主導。統合的なクリエイティビティを強みとし、DXビジョン構想、新サービスデザイン/ブランディング、組織/カルチャー変革など100件を超えるプロジェクトを牽引。グッドデザイン賞2013/2015/2021、SDA賞、日経ニューオフィス賞など。

Ridgelinez株式会社

戦略から実行までを支援する総合プロフェッショナルファーム。ストラテジー、デザイン、テクノロジーを融合させ、クライアントの経営課題解決に伴走。多岐にわたる業界で、デジタルテクノロジーを通じて変革を加速させるコンサルティングサービスを提供。変革の中核となる「人」を起点に、独自の先見力で持続的な未来を創造するパートナーとして社会に貢献している。

監修者 田中道昭

立教大学ビジネススクール教授、戦略コンサルタント。Ridgelinez戦略アドバイザー。専門は企業・産業・技術・金融・経済等の戦略分析。日米欧の金融機関にも長年勤務。主な著作に『GAFA×BATH』(日経BP 日本経済新聞出版)、『2025年のデジタル資本主義』(NHK出版)など。テレビ東京WBSコメンテーター。日経新聞電子版Think!エキスパート。

HUMAN∞TRANSFORMATION

日本企業をリデザインする、人起点の変革リーダーシップ

2023年5月10日　　1版1刷

編　者	Ridgelinez株式会社
	©Ridgelinez Limited, 2023
発行者	國分 正哉
発　行	株式会社日経BP
	日本経済新聞出版
発　売	株式会社日経BPマーケティング
	〒105-8308　東京都港区虎ノ門4-3-12
執筆協力	三河 主門
装幀・本文デザイン・DTP	中川 英祐 (Tripleline)
印刷・製本	三松堂株式会社

ISBN 978-4-296-11612-6

Printed in Japan